中山大学图书馆 编

陈序经图录

中山大学出版社

· 广州 ·

版权所有 翻印必究

图书出版编目（CIP）数据

陈序经图录/中山大学图书馆编.—广州：中山大学出版社，2014.11
ISBN 978-7-306-05052-6

Ⅰ.①陈…　Ⅱ.①中…　Ⅲ.①陈序经（1903—1967）—传记—画册　Ⅳ.①K825.46-64

中国版本图书馆CIP数据核字（2014）第231373号

出 版 人：	徐　劲
策划编辑：	赵　婷
责任编辑：	赵　婷
封面设计：	林绵华
装帧设计：	林绵华
责任校对：	黄燕玲
责任技编：	黄少伟
出版发行：	中山大学出版社
电　　话：	编辑部 020-84111997，84110779
	发行部 020-84111998，84111981，84111160
地　　址：	广州市新港西路135号
邮　　编：	510275　　传　真：020-84036565
网　　址：	http://www.zsup.com.cn　E-mail:zdcbs@mail.sysu.edu.cn
印 刷 者：	佛山市浩文彩色印刷有限公司
规　　格：	850mm×1168mm　1/16　9.5印张　144千字
版次印次：	2014年11月第1版　2014年11月第1次印刷
定　　价：	100.00元

如发现本书因印装质量影响阅读，请与出版社发行部联系调换

谨以此书

纪念陈序经先生

庆贺中山大学建校九十周年

本图录的照片

由

陈序经先生的家人

提供

特此鸣谢

目 录

少年求学 …………………………………………………… 1

海外留学 …………………………………………………… 9

岭大任教 …………………………………………………… 19

南开任教 …………………………………………………… 22

联大任教 …………………………………………………… 27

重返南开 …………………………………………………… 34

执掌岭大 …………………………………………………… 37

协理中大 …………………………………………………… 51

主持暨大 …………………………………………………… 68

三上南开 …………………………………………………… 77

哲人其萎 …………………………………………………… 86

永恒纪念	92
魂归岭南	98
先生手迹	104
往来信札	107
著述书影	114
少年习画	121
附录一：陈序经先生年表简编	127
附录二：陈序经故居开放仪式	133
后记 ……………………… 陈穗仙 等	140

少年求学

　　陈序经，字怀民，1903年9月1日出生于广东文昌县（今海南省文昌市）清澜港瑶岛村。1907年入私塾接受启蒙教育。1909年随父亲陈继美远赴新加坡侨居。1912年因母亲病故，由新加坡返乡，后与妹妹惠英辗转至汪洋村生活，由林犹江表叔遗孀（三妈）照料，先后入汪洋致远小学、文昌县模范小学读书。1915年，先生随父再次侨居新加坡，就读于育英学校、道南学校、养正学校及华侨中学，成绩名列前茅。学习之余，酷爱绘画，并经常随父亲到东南亚各地游览，增长见识。

　　1919年底，先生回广州求学。次年，考入广州岭南大学附中初中三年级就读，曾任该年级《全社》学报编辑主任。1922年4月，先生自岭南大学附中退学，同年夏天考入上海沪江大学生物系，并参加了该校暑期生物采集团，赴浙江、福建沿海一带采集生物标本。大学二年级时，兼任生物实验辅导员。1924年，因不愿加入基督教，又由沪江大学转学至复旦大学攻读社会学系（因为复旦大学没有生物系），一年内修完两年的学分，于1925年7月顺利毕业。

1915—1919年，新加坡求学

◀ 1917年摄于新加坡育英学校

1919年侨居新加坡读书时摄 ▶

1920—1922年，就读岭南大学附中

▲ 1920年代就读广州岭南大学附中时居于第三宿舍三楼，照片右侧为陈序经题字

1920—1922年，就读岭南大学附中

陈序经图录

▶ 1921年就读于广州岭南大学附中时摄

◀ 1921年任广州岭南大学附中《全社》学报编辑主任时摄

1920—1922年，就读岭南大学附中

▲ 1922年春岭南大学附中《全社》学报编辑部全体成员合影（站立第二排右八为陈序经）

▲ 1922年春岭南大学附中《全社》学报编辑部部分成员合影（右一为陈序经，左一为唐兆狮）

1922—1925年，就读上海沪江大学、复旦大学

▲ 1922年夏摄于上海

▲ 1923年12月摄于上海

▲ 1923年摄于上海

▲ 1924年5月就读上海沪江大学生物系三年级时摄

1922—1925年，就读上海沪江大学、复旦大学

◀ 1924年冬复旦大学宿舍内留影

▲ 1924年陈序经与家人合影（左起：大姐陈淑英、继母张氏、父亲陈继美、妹妹陈玉英、陈序经、弟弟陈序伦）

1922—1925年，就读上海沪江大学、复旦大学

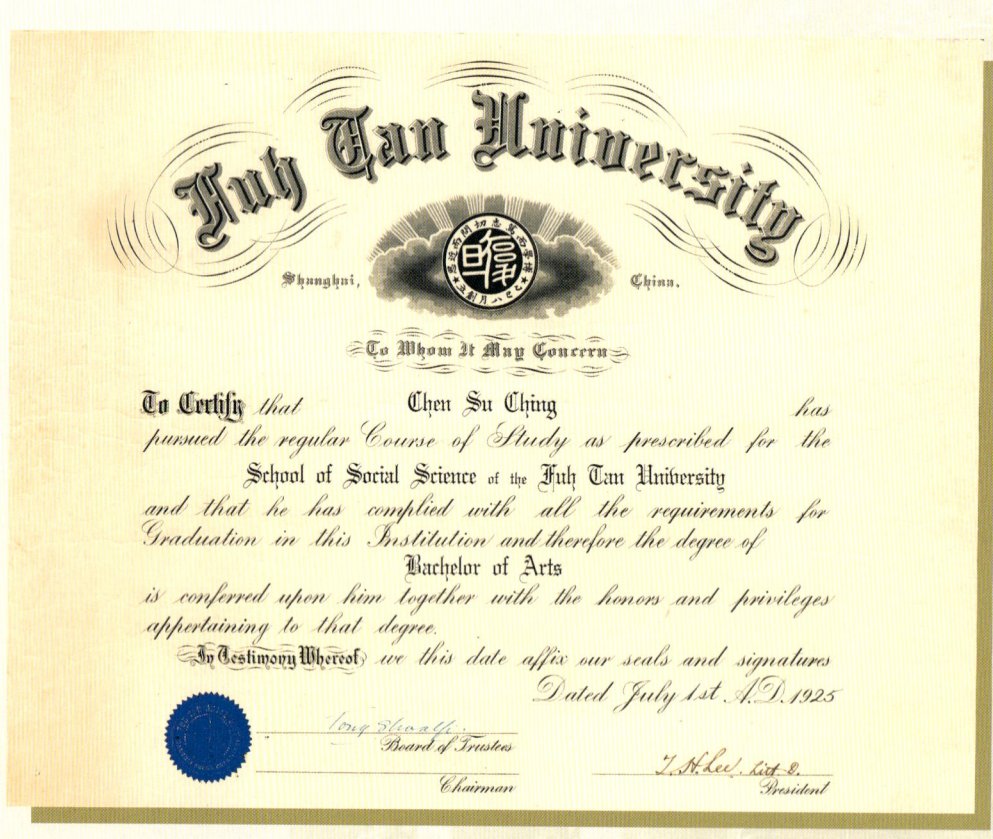

▲ 1925年陈序经先生所获复旦大学学士学位证书

海外留学

1925年7月，先生自复旦大学社会学系毕业时，其父自新加坡来函嘱咐他做好留学准备。先生踌躇满志，经再三考虑，最终选择赴美国伊利诺伊大学研究生院留学。8月5日，先生从上海乘船经日本到美国，开始了他三年的留学生涯。留学期间，先生主攻政治学，副修社会学，刻苦学习的精神曾闻名全校。先生通常每天清晨5点前起床，挑灯苦读，假期亦如此。在同学们休假出游时，他还在学校里埋首书本之中。1926年8月14日，先生顺利获得伊利诺伊大学研究生院硕士学位；1928年6月13日，又获得该院博士学位。在不到三年的时间里，他先后取得了硕士和博士学位，足令同时代人叹服！

1928年夏，先生回到祖国。岭南大学校长钟荣光聘请他担任该校社会系助理教授。虽仅任职一年时间，却是他生命中的新起点。这一年，是先生在学术上"全盘西化论"的萌生期。他常与好友陈受颐、卢观伟一起探讨西化问题，还在一次学术研讨会中首次提出"文化学"这一名词。这一年，先生结识了生命中的伴侣黄素芬女士。黄女士于1906年8月16日出生于广东省中山市青岗乡，当时正就读于岭南大学教育系。

1929年8月20日，先生与黄素芬女士在新加坡南天酒家举行婚礼，婚后夫妇二人同赴德国留学。是年9月，他们乘法国邮轮由新加坡启程到法国马赛，最后抵达德国柏林。

1929年至1930年间，先生在柏林大学攻读研究生，主要研究政治学与主权论。其后，他又到基尔大学继续研究先前的课题，并在该校世界经济研究院学习经济学。在德期间，先生依旧如在美国留学时一样勤奋。因劳累过度，先生感染了肺病，入学校医院治疗数月。他曾说："我差不多每天都花十多个小时去研究主权可分论，不仅号称是欧洲公园的瑞士没有时间去领略，连人家每月一次送来的国家戏院的入场券，我也抽不出空来陪我妻去听听。"离开欧洲时，先生已经掌握四种外语（英语、德语、法语和拉丁语），他的思想和视野也因此更为宽阔而富有深度，为日后在东西方文化学术方面的学养提升打下了坚实的基础。留德期间，先生不仅搜集资料、研究问题，而且完成了不少著作，其中1931年发表的《东西文化观》，是后来关于东西文化讨论的缘起，也是他在抗日战争时期写的二十本、二百多万字的"文化论丛"的最早提纲。在其后半个多世纪中，这些论著在中国产生了很大的影响。

1925—1928年，留学美国

◀ 1927年摄于美国伊利诺伊大学

▲ 1927年美国伊利诺伊大学欧班那宿舍内留影（一）

1925—1928年，留学美国

▲ 1927年在美国伊利诺伊大学留学时的书籍

▲ 1927年美国伊利诺伊大学欧班那宿舍内留影（二）

▲ 1927年在美国伊利诺伊大学留学时的书籍（照片上的字为陈序经所题）

1925—1928年，留学美国

▲ 1927年在美国伊利诺伊大学留学时收藏的珍贵书籍

▲ 1927年摄于美国伊利诺伊大学

1925—1928年，留学美国

◀ 1927年在美国伊利诺伊大学攻读博士学位时在住宅旁留影

1928年在美国伊利诺伊大学获博士学位时留影 ▶

1925—1928年，留学美国

▲ 1926年陈序经先生所获美国伊利诺伊大学硕士学位证书

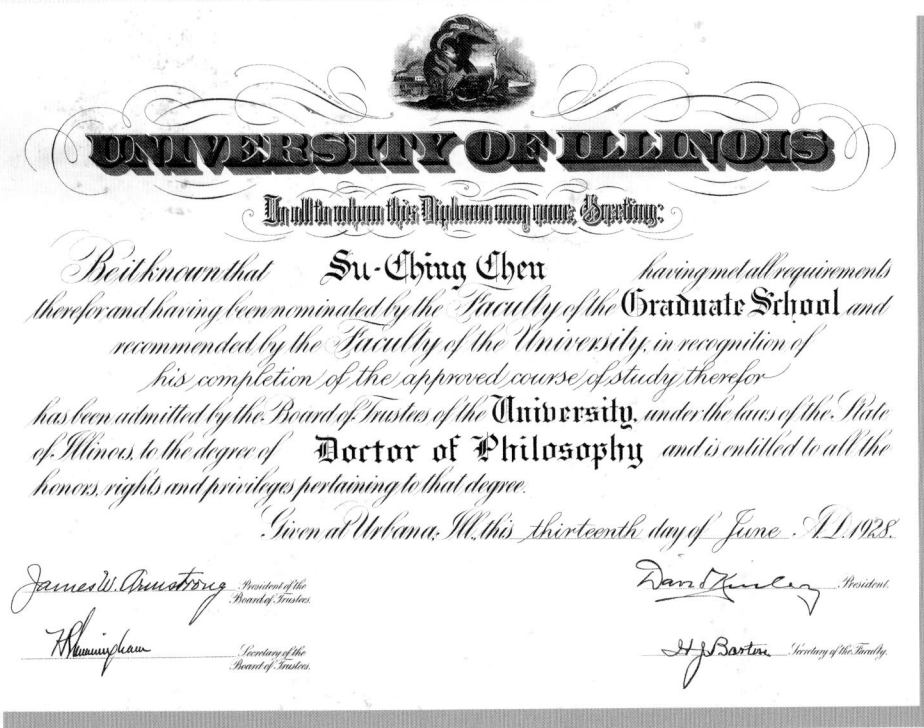

▲ 1928年陈序经先生所获美国伊利诺伊大学博士学位证书

1929—1931年,婚后赴德国留学

▲ 1929年8月20日与夫人黄素芬结婚照(摄于新加坡,右下角英文字是黄素芬的笔迹)

1929—1931年,婚后赴德国留学

▲ 1929年8月20日,在新加坡举行婚礼时,与亲友合影于南天酒家(左一为陈序经父亲陈继美,右五为陈序经,右六为黄素芬,右一为黄素芬大哥黄振权,左五为黄素芬三妹黄素英)

1931年在德国基尔大学留学时 ▶
与夫人合照

1929—1931年，婚后赴德国留学

▲ 1931年4月14日回国前夕在德国基尔留德同学送别会上留影（后中为陈序经，前右为夫人黄素芬）

1931年与夫人及周冠军夫妇合影于 ▶
德国基尔大学

岭大任教

1931年，自德国返程回国后，先生再次受聘于岭南大学，任教于社会系，并兼任中山大学教席。这座在当时颇负盛名的教会大学——岭南大学，在1931年至1937年间因南方政局的相对稳定而得以蓬勃发展，并云集了陈荣捷、谢扶雅、卢观伟等一批重要学者。

1932年，先生父亲病重，他立即赶回海南岛。当回到海口时，父亲已逝世三天了。先生万分悲痛。此后，他遵循父亲遗愿，一不从政，二不经商，全力投入教育事业。

1933年，先生南游越南、泰国、马来西亚等地。

1933年12月29日，先生在中山大学礼堂发表题为《中国文化之出路》的著名演讲，演讲词于1934年1月在《广州民国日报》上发表，随即轰动中国学界，并由此引发无数名人关于"全盘西化论"的大辩论，包括梁漱溟、胡适等知名文化人，皆参与了这场持续良久的论战。先生在岭南大学还挑起一场关于教育问题的论争。教育的现代化，是他"全盘西化论"的有机组成部分。

1931年至1934年间，先生任教于岭南大学期间，仅从事教书和学术研究工作，未担任任何行政职务。后来，先生称他特别怀念那段时间，因为他能完全像父亲希望的那样全心全意地去教书和做学问，他一生中最具影响的学术思想也是在这个时期形成的。

1931—1934年，任教于岭南大学及父亲逝世

▲ 1933年9月南游暹罗时与柯葆华等合影（一）

▲ 1933年9月南游暹罗时与柯葆华等合影（二）

1931—1934年，任教于岭南大学及父亲逝世

◀ 陈序经父亲陈继美先生遗像

1933年9月南游暹罗时与柯葆华 ▶
合影

南开任教

1934年夏，"全盘西化"的争论方兴未艾之际，先生辞去了岭南大学的工作，应南开大学之邀，任该校经济研究所社会学教授兼研究员，并开始从事水上居民研究，展开对河北省高阳、宝坻、塘沽等各县及农村的调查研究工作。之后，先生任南开大学经济研究所主任。

1934年夏至1935年，先生继续参与了由广州扩散到全国的文化问题大论战。1935年发表了《关于全盘西化答吴景超先生》和《全盘西化的辩护》等文，挑起全国性中西文化的论战。在这场大论战中，先生的最后一篇文章是1936年1月13日刊登在《国闻周报》第13卷第3期的《一年来国人对于西化态度的变化》。先生在这场大论战中表现出了大无畏的精神，面对来自"左"、"中"、"右"各派的批评，面对各界权威和权贵，他坚定地坚持了自己的观点和立场，毫不退缩，这是难能可贵的。

1935年1月至6月间，先生曾到暹罗（今泰国）西部、中部及东南部各县城考察，并由暹罗廊开到老挝万象一带开展调查研究。在此基础上，他写成了《暹罗与中国》并于1939年由商务印书馆出版。

1936年4月，先生在《独立评论》第196号上发表《乡村建设运动的将来》一文。此文发表后，又引起了一场有关乡村建设运动的大论战。此次论战在1936年至1937年间达到了高潮，双方有数十篇文章发表。先生把他的文章集成一册，立题为《乡村建设运动平议》，于1937年6月由西南社会调查所出版。

1934—1937年,任教于南开大学

▲ 1930年代南开大学部分教授合影于香港青山（左起：方显庭、林崇祯、丁佶、陈序经）

◀ 1934年与夫人黄素芬留影于南开大学住宅前

1934—1937年，任教于南开大学

▲ 1936年与家人合影（左起：夫人黄素芬手抱陈其津，陈序经，大女儿陈曼仙，二女儿陈穗仙，黄素芬五妹黄素清）

◀ 1937年于南开大学工作时与家人合影

1934—1937年，任教于南开大学

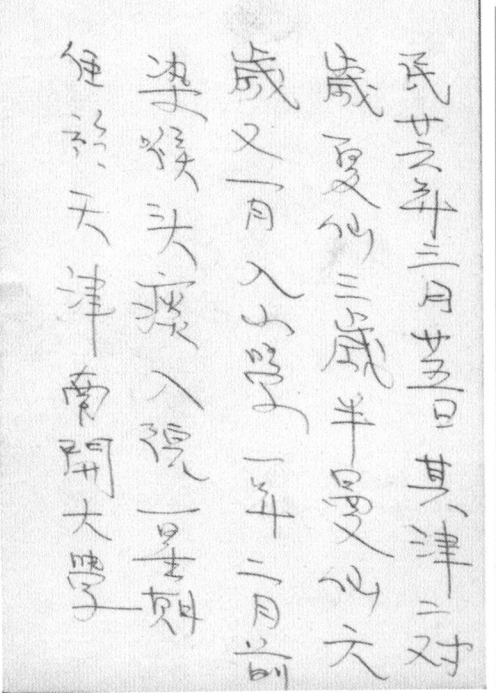

▲ 1937年3月25日陈序经先生的子女合照

▲ 抗日战争期间南开大学南迁时与丁洪范、方显庭合影

1934—1937年,任教于南开大学

▲ 抗日战争期间南开大学南迁时与丁洪范、方显庭、柳无忌合影

▲ 与何廉(左三)等合影于南开大学

联大任教

　　1937年6月,先生到广东顺德调查蚕丝业发展情况,与吕学海合作写成《顺德缫丝工业调查报告》,并于1939年在昆明出版。同年7月7日,卢沟桥事变爆发,南开大学被日军野蛮炸毁。仓促南下之际,先生将部分书籍、手稿等资料存于木箱,储藏于经济研究所阁楼,但后来大部分资料被损毁。抗日战争初期,北平沦陷,南开大学与清华大学、北京大学在湖南长沙建立临时大学,先生是筹备成员之一。临时大学于1937年10月25日开学,南开大学的部分老师如杨石先、黄钰生等抵达长沙,南开大学经济研究所的方显庭、李卓敏等也都到了临时大学。1937年12月,南京失陷,武汉告急,日本军机轰炸长沙日频,临时大学准备搬迁到昆明,成立国立西南联合大学。先生与好友方显庭于1938年初乘火车离开长沙,经桂林、梧州、广州、香港,又从香港乘船至越南,再至昆明,最后抵达云南蒙自。当时为运送学校图书器材和接送家属,他们曾多次往返越南、昆明之间。

　　1938年4月,长沙临时大学正式改为国立西南联合大学,简称西南联大。西南联大成立之初,先生在设于蒙自的法商学院任教。半年后,蒙自的校舍因被军事机关征用,法商学院又搬回昆明,先生遂赴越南将妻儿接回昆明。1940年,南开大学经济研究所在重庆沙坪坝南开中学内恢复,昆明则设立办事处,先生任研究所主任兼昆明办事处主任。同年,先生拒不服从教育部关于院长以上教职人员必须加入国民党之规定,仍任联大法商学院院长。1940年暑假,先生前往东南亚考察,不幸患病。年底,他将妻儿安顿于重庆南开中学。在法商学院任教期间,先生因兼南开大学经济研究所的工作,故自1939年至1944年间,他总是每年两次往返于昆明与重庆之间。

　　抗日战争期间,先生陆续写成两百万字的"文化论丛",该书共分二十册：《文化学概观》四册、《西洋文化观》二册、《美国文化观》一册、《东方文化观》一册、《中国文化观》一册、《中国西化观》二册、《东西文化观》六册，以及《南北文化观》三册。这二十册的"文化论丛"是透过文化的普通与根本的观念，来讨论东西文化与南北文化问题的论著。

1944年8月，先生应美国国务院邀请赴美国讲学一年。前半年，先生前往美国各地主讲中美关系及国共合作主题，先后至纽约、克利夫兰、芝加哥、欧班那、圣路易、洛杉矶、婆摩拿、旧金山、西雅图和华盛顿等地讲学。后半年，先生在耶鲁大学主讲主权论，其间他参加了在弗吉尼亚州Hot Spring举行的太平洋国际学术会议，并提交英文论文《南洋与中国》(*China and Southeastern Asia*)。先生也由此成为站上耶鲁大学讲坛的为数不多的中国学者之一。

1938—1944年,任教于西南联大

◀ 1938年摄于云南蒙自

1938年在云南蒙自与李卓敏合影 ▶

联大任教

1938—1944年，任教于西南联大

◀ 1940年代陈序经先生留影

▲ 1942年任西南联大法商学院院长时与社会学系1942级全体学生合影

1938—1944年，任教于西南联大

1942年与家人合影于重庆沙坪坝南开中学柏树新村九号住宅门前（后排左起：陈序经、夫人黄素芬、女儿陈曼仙；前排左起：陈其津、陈穗仙、陈序经二妹的大女儿李春荣、陈序经三妹陈玉英；最前排：陈云仙）

▲ 1944年暑假与家人合影于重庆沙坪坝南开中学

1938—1944年，任教于西南联大

▲ 1944年春与国立西南联合大学商学系一九四五级级友合影

▲ 1945年11月28日与国立西南联合大学经济系商学系教授会同仁合影

1944—1945年，赴美国讲学

◀ 1944—1945年应美国国务院之邀赴美讲学时留影

▲ 1945年与陈受颐（右一）等合影于美国

重返南开

1945年8月，先生由美国返回昆明，再回到重庆。时值抗日战争胜利，西南联大最初的三所联合发起学校都考虑各自复校。1946年3月至4月间，为取回南开大学部分藏书，先生曾赴越南河内与海防一带，与投降后的日军交涉，但藏书已被运往日本东京，几经交涉，日方才将藏书运回天津。在越南期间，先生曾到各地调研。1946年9月，南开大学在天津复校，并成为国立大学，先生也于8月返回南开，担任南开大学教务长兼政治经济学院院长及经济研究所所长，被张伯苓校长倚为左右手，期间行政工作非常繁重。是年，先生所著《疍民的研究》和在抗日战争期间写成的"文化论丛"之《文化学概观》先后由商务印书馆出版。5月，上海大东书局重新出版了先生的《乡村建设运动平议》，并将书名改为《乡村建设运动》，增加《都市与抗战》一文作为附录。

1947年，针对胡适的大学教育计划，先生先后发表《与胡适之先生论教育》、《公论耶？私论耶？》以及《论发展学术的计划》等文章，引发了一场关于教育问题的大争论，这是他一生中引发的三次大争论的最后一次。这些文章后收入《大学教育论文集》中，于1949年由岭南大学西南社会经济研究所出版。

1948年4月前后，先生前往泰国曼谷，马来西亚槟榔屿、吉隆坡、芙蓉市，新加坡等地考察，为他日后撰写《东南亚古史研究》积累了大量的资料。

1946—1948 年，任教于南开大学

▲ 1948 年秋，陈序经、黄素芬夫妇（左一、左二）与何廉校长、鲍觉民夫妇、龙吟夫妇合影于南开大学经济研究所前

1946—1948年，任教于南开大学

▲ 1948年与亲友合影于南开大学南院（左起：鲍觉民、滕维藻、陈云仙、陈序经、陈渝仙、黄素芬）

▲ 1948年春摄于新加坡

执掌岭大

1948年8月，岭南大学校董事会决定聘请先生为校长，陈受颐先生受董事会委托，亲自去天津邀请先生重回岭南大学。先生在陈受颐的邀请和夫人的劝说下，认为南方亦需要一所好大学，才接受聘任。后来，南开大学校长张伯苓以先生每年仍需回南开大学三四个月为条件，同意岭南大学聘任先生两年。此后，先生担任岭南大学校长直至1952年院校调整。

治校期间，先生为使岭南大学发展成为高水平的大学，提倡教授治校方针，大力促进学术研究发展，为此，他聘请了很多国内外知名学者到岭南大学任教。先生曾数次冒着战火只身北上，力邀陈寅恪、容庚、冯秉铨、高兆兰、王力、周寿恺、陈耀真、毛文书等学者来岭南大学。仅一年时间，在先生的力邀下，先后有二三十位大学者来到岭南大学任教，阵容之强大，学界为之瞩目，让人不得不佩服先生的眼光和雄心。为重新组建医学院，先生在赴岭南大学前，曾多次亲自前往北京邀请著名X光专家谢志光教授，再由谢教授联络一批协和医学院教授到岭南大学医学院（博济医学院）任教。先生在医学院专设办公室并经常到医学院了解情况，解决购置医疗设备等问题。岭南大学能在艰难的战争环境下，一跃成为国内一流的综合性大学，很大程度上得益于先生超乎常人的、预见性地延揽学人的成功举动。这不仅对岭南大学是一个难以估量的贡献，对于日后的中国教育来讲，也立下了汗马功劳。

1948年12月，先生所著《南洋与中国》、《越南问题》和《大学教育论文集》由岭南大学西南社会经济研究所出版。1949年，先生的《社会学的起源》作为岭南大学专刊出版第二集。1950年，岭南大学发生黄金事件、枪支事件及唐福祥、何世光被捕事件，岭南大学的美国教师也集体撤离中国，先生在巨大的压力与困难之下，积极奔走，协助处理相关事宜。

1951年1月，教育部在北京召开处理接受外国津贴的高等学校的会议，决定将燕京大学、协和大学等11所私立大学接收后改为公立大学。岭南大学、沪江大学等9所学校仍保持私立性质。1952年全国高校院系调整，调整后的中山大学定址于原来的岭南大学校园；岭南大学的工学院合并入华南理工学院，农学院合并入华南农学院，医学院合并入中山医学院。先生以大局为重，担任中山大学筹委会副主任，协助展开了院系调整工作。

1948—1952年，任岭南大学校长

■ 1948年夏与香港岭南大学同学会合影

执掌岭大

1948—1952年，任岭南大学校长

◀ 1948年夏与校董林逸民合影于岭南大学

▲ 1948年11月8日岭南大学附小膳堂动土典礼时留影

1948—1952年，任岭南大学校长

▲ 1948年12月28日与岭南大学董事会合影（右一为简鉴清，右二为陈序经）

1948—1952年，任岭南大学校长

▲ 1948年秋岭南大学附属中学歌咏团演唱会后摄于怀士堂（岭南大学礼堂）门前

▲ 1948年赴新加坡调查资料经马来西亚时与华开基（左一）、柔佛总理（中间）合影

1948—1952年，任岭南大学校长

▲ 1948年全家合照

▲ 1949年3月24日于岭南大学住宅门前合影（前排为陈序经夫妇，二排右一为王德辉，后排右三为岑家吾）

1948—1952年，任岭南大学校长

▲ 1949年6月13日，岭南大学1948年度教职员合影

▲ 1949年在岭南大学向学生颁授学位

1948—1952年，任岭南大学校长

▲ 1949年陈序经夫妇与张纯明夫妇、吴大业夫妇及四个女儿合影于岭南大学住宅前

▲ 1949年8月16日与家人合影于香港（左起：陈序经、黄素芬、陈穗仙、黄振贤、陈曼仙）

1948—1952年，任岭南大学校长

◀ 1949年8月20日，结婚二十周年纪念照，摄于岭南大学东北区32号（原嘉惠兰医生住所）住宅花园内

▲ 1949年任岭南大学校长期间与夫人黄素芬合影

1948—1952年,任岭南大学校长

◀ 1950年代初,陈序经夫妇(左二、左三)与陈耀真夫妇(右一、右二)、端木正夫妇(左一、左四)合影于中山大学东北区17号(现319号)住宅后花园门口

1949年夏与家人合影 ▶

1948—1952年，任岭南大学校长

▲ 1950年陈序经及家人与美籍教授富伦一家合影于岭南大学住宅前

◀ 1950年，杜国庠厅长视察岭南大学，陈序经夫妇与参观领导合影于岭南大学东北区32号（原嘉惠兰医生住所）住宅（前右一为杜国庠，右二为陈序经）

1948—1952年，任岭南大学校长

◀ 1948—1952年任岭南大学校长期间留影

1948—1952年任岭南大学校长时，于岭南大学东北区32号（原嘉惠兰医生住所）客厅壁炉旁留影 ▶

1948—1952年，任岭南大学校长

▲ 1951年7月20日二女穗仙参加空军干校前，全家于广州合影

▲ 1951年7月20日五子女于广州合影

协理中大

1952年，先生自私立岭南大学校长之位离任，暂时未担任任何行政职务，这对一心想做学问的他而言，是一段自由的时间，他可以按照自己的计划写作。这是先生学术生命中难得的一段悠闲时期。

从1952年开始，先生潜心展开了东南亚古史研究和中国少数民族史研究。在东南亚古史研究方面，先生平均每年写成专著一种，至50年代末60年代初完成了《东南亚古史研究》八种，包括：《东南亚古史初论》、《越南史料初辑》、《林邑史初编》、《扶南史初探》、《猛族诸国初考》、《掸泰古史初稿》、《藏缅古国初释》、《马来南海古史初述》，共计一百余万字。其中七种著作由香港大公报社长费彝民先生和同乡挚友黄坚先生资助，在香港出版，但考虑到当时中国与东南亚各国的关系，仅作为非卖品少量印刷分赠好友，未作公开发行。在中国少数民族史研究方面，先生从该年始撰写《匈奴史稿》。在1952年至1964年间，先生以常人难以想象的勤奋，先后完成了近百万字的《匈奴史稿》和一百多万字的《东南亚古史研究》；惜乎《中西交通史》一稿完成一半时，先生不幸辞世，留下莫大遗憾！

1954年以后，先生担任中山大学历史系研究教授，参与筹建中山大学东南亚历史研究室。他认为广东与东南亚关系密切，研究东南亚历史具有极大的学术价值与意义。后经高教部批准，先生在中山大学成立了东南亚历史研究室。该室后来建成为东南亚研究所，侧重于历史研究。

1956年，先生被评为一级教授，并被任命为中山大学副校长、全国政协第二届委员（连任至第四届），以及广东省政协第一届常委（连任至第三届）。同年7月，先生担任团长率领广东省高等学校教授专家暑期参观团赴武汉、京津、东北、沪杭一带参观。

1956—1964年，任中山大学副校长

◀ 1950年代中期与陈寅恪（中）、姜立夫在中山纪念堂合照

▲ 1950年代中期，陈序经夫妇与陈寅恪及夫人唐筼、姜立夫及夫人胡芷华合影（左起：姜立夫先生、陈寅恪先生和夫人唐筼、黄素芬、胡芷华、陈序经先生）

1956—1964年，任中山大学副校长

▲ 1953年9月14日全家合影（这张照片是寄给当时在西安空军第二航空预校学习工作的二女穗仙的，因此照片上没有穗仙）

▲ 1956年7月17日任广东省高校教授专家暑期参观团团长时合影

1956—1964年，任中山大学副校长

◀ 1956年在广东高等知识分子座谈会上讲话

▶ 任中山大学副校长时，与许崇清校长合影于大钟楼校长办公室

1956—1964年，任中山大学副校长

▶ 1958年10月，夫人黄素芬与苏联专家同摄于中山大学东北区17号（现319号）花园内

◀ 1958年10月，同家人与苏联专家合影于中山大学东北区17号（现319号）后花园（左起：苏联专家、黄素芬、陈穗仙、陈序经）

1956—1964年，任中山大学副校长

◀ 1958年10月，与中山大学苏联地理专家于专家住宅门前合照

▲ 1959年，许崇清校长、陈序经副校长陪同苏联专家前往从化参观游览

1956—1964年，任中山大学副校长

▲ 1950年代马列主义大研究班合影（一）

▲ 1950年代马列主义大研究班合影（二）

1956—1964年，任中山大学副校长

▲ 1950年代中山大学思想改造研究班合影（前左二为陈序经）

◀ 1950年代后期中山大学家属委员会合影（前排左起：带姐、梁宗岱夫人甘少苏、黄素芬、商承祚夫人）

1956—1964年，任中山大学副校长

◀ 1960年代合影于从化温泉（左起：许崇清校长及夫人廖六薇、陈序经夫人黄素芬、陈序经副校长、冯乃超副校长及夫人李声韵、姜立夫教授）

▲ 1960年代于杜国庠墓碑前祭奠时留影

1956—1964年，任中山大学副校长

▲ 1960年代初，全国政协委员、广东省政协常委标准照

1956—1964年，任中山大学副校长

◀ 1960年代，陈序经（后左一）与费彝民（后左二）等在佛山祖庙参观时留影

▲ 1960年代，陈序经（后右一）与费彝民（后右二）等在佛山祖庙参观时留影

1956—1964年，任中山大学副校长

◀ 1960年代与李嘉人、林李明合影

▲ 1960年代中山大学校领导与部分教职工合影（二排左四为马肖云，二排左五为陈序经，三排左三为党委副书记李汉章）

1956—1964年，任中山大学副校长

◀ 1960年代，陈序经夫人黄素芬与许崇清夫人廖六薇等在中山大学东北区17号（现319号）房前合影（左起：许崇清女儿、冼玉清教授、廖六薇、黄素芬）

▲ 1960年代，陈序经与夫人黄素芬（后排右一、右二）、许崇清夫人廖六薇（前排右二）及其女儿女婿们于中山大学东北区17号（现319号）花园内合影

1956—1964年，任中山大学副校长

▲ 1960年代与家人合影于中山大学

▲ 1960年代与家人合影于中山大学

1956—1964年，任中山大学副校长

◀ 1960年代与夫人黄素芬合影

1961年1月2日怀抱大外孙谭康留影 ▶

1956—1964年，任中山大学副校长

▲ 1961年2月与夫人黄素芬怀抱大外孙谭康合影于中山大学东北区17号（现319号）客厅内

1956—1964年，任中山大学副校长

▲ 1962年2月，女儿云仙休学一年复学前离广州时全家合影

▲ 1962年春，女儿曼仙结婚时全家合影

主持暨大

暨南大学的前身为暨南学堂，创办于1906年，当时该校的招生对象为归国侨生。1927年升格为国立暨南大学，校址在上海，后停办。1957年，重办暨南大学的呼声得到时任广东省省委书记陶铸的支持，陶铸亲任校长和校党委书记。1962年，在陶铸的诚邀下，先生出任暨南大学校长，并留任中山大学副校长。一向注重学术研究的他，此时不得不放下个人的研究工作，将精力放在百废待兴的暨南大学建设上。1960年代初，先生仍寓居中山大学校园，同时担任两所大学的领导职务的他，必须往返于两校之间。陈家的故交曾敏之先生曾回忆到，先生总是早出晚归，在广州石牌的路上，他乘的小轿车总在赶路。但每次途中遇有暨南大学的老师，他总是叫司机把车停下，邀请老师们一起乘车，于是，他的小车俨然成了"校巴"，一路上交谈甚欢。这也是先生跟师生们保持良好交流和友谊的独特方式，这种风格在广东高校界被传为美谈。

1962年，先生参加全国政协三届三次会议，并做了关于高等教育问题的专题发言。1963年，先生又任暨南大学校董事会筹备委员会副主任、校董事会副主席。作为教育家，先生对故乡的教育事业一直关心备至，从新中国成立前出任私立海南大学校董，到1963年秋利用自己的影响力，成功将海南师专（海南师范大学前身）保留下来，先生对海南的教育事业做出了巨大的贡献。

1964年5月，先生与中山大学历史系梁方仲教授等人赴海南岛考察，后又赴云南西双版纳及芒市等地访问和实地调查，为其之后撰写《泐史漫笔——西双版纳历史释补》完成了全面的资料搜集准备工作。该书总计八万字，于1965年完成，也是先生的最后一部学术著作。1993年为纪念先生九十诞辰，中山大学出版社按封面原版笔迹翻印，出版了该部著作。

1962—1964年，兼任暨南大学校长

▲ 1963年，于暨南大学招待所接待从台湾驾机起义归来之徐廷泽先生时合影

1962年10月28日，▶ 与外孙谭康、谭庄合影于中山大学东北区17号（现319号）门口

1962—1964年，兼任暨南大学校长

▲ 1963年8月2日，全家合影于广州

▲ 1963年，全家合影于中山大学东北区17号（现319号）北门

1962—1964年，兼任暨南大学校长

▲ 1963年8月16日，调往南开大学前应马廷栋先生邀请至从化度假时两家人合影（左三起：马廷栋及夫人陈少春、黄素芬、陈序经、陈其津及妻许贻婴、陈云仙、谭康、陈穗仙、陈渝仙、女婿谭保夏手抱谭庄）

1962—1964年，兼任暨南大学校长

◀ 1963年，与姜立夫夫妇合影（左起：黄素芬，陈序经手抱外孙女林萍，谭康，姜立夫先生及夫人胡芷华）

▲ 1964年5月20日，与外孙、外孙女合影于中山大学东北区17号（现319号）门前（手抱外孙女林萍，外孙谭康立于左，谭庄立于右）

1962—1964年，兼任暨南大学校长

▲ 1964年6月6日，全家合照于中山大学东北区17号（现319号）门前（陈序经自称是托孙所所长，手抱外孙女林萍，左站谭康，右站谭庄，后排左起：陈其津、谭保夏、林道英、陈曼仙、黄慧芬、许贻婴、陈穗仙）

◀ 1964年8月16日，夫人黄素芬58岁生日时，与家人合影于从化温泉。女儿云仙、渝仙、穗仙及夫婿谭保夏，外孙谭康、谭庄

1962—1964 年，兼任暨南大学校长

▲ 1964 年 8 月 28 日，与夫人黄素芬及女儿合照（后排左起：云仙、穗仙、渝仙）

◀ 1964 年任中山大学副校长、兼任暨南大学校长时，与云南大学历史系江应樑在大理蝴蝶池合影（时陈序经于西双版纳调查资料）

1962—1964年，兼任暨南大学校长

▲ 1964年在中山大学东北区17号（现319号）家中书房写著《东南亚古史研究》时留影

三上南开

1964年，正当先生在暨南大学拟开全新学风、大展宏图之时，忽然接到就任南开大学副校长的国务院任命书。此时他已61岁，在广州生活了近20年。先生不愿北上，只盼望早日退休，像他父亲一样告老还乡，并已经为修葺文昌乡下的祖屋备好木料，幻想着在故乡安度晚年。岂料，此去南开却陨落北国。

1964年秋至1966年秋期间，因行政事务没有以前那么多，先生得以完成《匈奴史稿》、《东南亚古史研究》等近两百万字的巨著。

1966年12月，先生在"文化大革命"中受到批判和揪斗，一度被迫带病写交代材料。1967年2月，他被诬为"美帝文化特务"、"国际间谍"，住所多次被抄，连他身上的国产钢笔也不能幸免！还被红卫兵从两层套间里赶到一宿舍楼地下室仅6平方米的小房间里居住。年过花甲的先生这时已经疾病缠身，但在那些黑暗的日子里，他不被允许去看病。历经磨难的先生于1967年2月16日在南开大学因心脏病突发逝世，享年64岁。

在那黑暗的年代里，先生逝世后受到了更加肆无忌惮的诬蔑陷害，连好友及家人都受到牵连。他生前的藏书和一些家具杂物原寄存在中山大学陆佑堂顶层阁楼。这批珍贵书籍总计3000余册，其中有众多精装本英文、德文、法文、俄文书籍，是先生早年在美国、德国留学时辛苦购买并带回中国的，甚至在八年抗日战争、三年解放战争时期都保存完好，然而在其过世后，这批书籍却被学校后勤部门当废纸卖给了废品收购站，共得款127.20元。他们在处理这批书籍时甚至没有征得先生家属同意。

先生的去世使夫人黄素芬备受打击，她于1973年8月17日因心脏病发在广州逝世，享年67岁。黄素芬女士把她的一生心血都献给了丈夫、子女和孙辈。她天资聪颖，精通英文、俄文和德文，学习和工作能力强，但为了照顾好家庭和子女，不得不牺牲自己的志趣，全力支持先生的工作和学术研究，给予了先生无尽的包容、支持和精神力量。

1979年3月，南开大学党委会宣布了关于为先生平反的决定，并分发通知先生的亲友及有关单位。同年5月25日，南开大学在天津烈士陵园为先生召开追悼会，并成立专门小组整理先生的《匈奴史稿》遗稿。同年6月26日，广东省政协主持举行了先生的骨灰安放仪式，先生的骨灰被正式安放在广州银河公墓。

1989年10月16日，南开大学七十周年校庆之际，先生遗著《匈奴史稿》由天津古籍出版社出版。另外，他于抗日战争时期编写的《文化学概论》亦由上海书店编入"民国丛书"重印出版。1992年，先生晚年最主要的著作《东南亚古史研究》八种分别由深圳海天出版社、台湾商务印书馆和香港商务印书馆同时出版。1994年，《泐史漫笔——西双版纳历史释补》由中山大学出版社出版。至此，先生的重要著作均已出版传世。

2003年9月9日，陈序经先生百年诞辰纪念会在他的故乡海南省文昌市召开，他的故居亦在同一天正式对外开放。9月16日，陈序经先生百年诞辰座谈会在暨南大学举行。11月8日，南开大学举行学术研讨会纪念陈序经先生百年诞辰。2004年9月15日，中山大学召开陈序经先生百年诞辰纪念会，重修先生居住了十余年的故居并举行揭牌仪式，后于2012年将先生的书房恢复原貌，并展出先生学术、生活、工作的相关照片，于11月6日举行了开放仪式。

1964—1967年，任南开大学副校长

◀ 1965年1月30日与家人合影于中山大学东北区17号（现319号）寓所后门（前排左起：陈穗仙、谭庄、陈序经抱孙儿陈大淳、夫人黄素芬，后排左起：陈渝仙、谭康、陈其津、谭保夏）

▲ 1965年1月30日与家人合影于中山大学东北区17号（现319号）客厅内（后排左起：陈穗仙、陈渝仙，前排左起：陈序经、黄素芬、陈其津）

1964—1967年，任南开大学副校长

◀ 1965年1月30日与家人合影于中山大学东北区17号（现319号）花园（左起谭庄、谭康、陈序经手抱孙儿陈大淳、夫人黄素芬）

1965年6月与外孙谭康等留影于北京 ▶

1964—1967年，任南开大学副校长

▲ 1965年8月10日，子其津、女云仙、婿谭保夏携外孙谭庄赴天津探望陈序经夫妇及谭康时合影

◀ 1965年8月与夫人黄素芬，外孙谭康、谭庄合影于南开大学招待所住宅门前

1964—1967年，任南开大学副校长

▲ 1965年8月南开大学海南籍学生来访时，与夫人黄素芬、外孙合照于住宅门前

▲ 1965年与夫人黄素芬合照

1964—1967年，任南开大学副校长

◀ 1966年2月与大外孙谭康及夫人黄素芬合影于新居中山大学东南区11号客厅

▲ 1966年2月27日于中山大学东南区11号住宅内留影（马廷栋先生摄）

1964—1967年，任南开大学副校长

◀ 1966年3月10日与谭康合影于南开大学招待所门前

1966年3月10日与谭康合影于南开大学湖边 ▶

1964—1967年，任南开大学副校长

◀ 1966年3月10日与谭康等合影于南开大学湖边

▲ 1966年11月时任南开大学副校长，与夫人黄素芬、儿媳许贻婴、女儿陈云仙、孙子陈大淳合影（生前最后一张照片）

哲人其萎

◀ 夫人黄素芬于中山大学东北区 17号（现319号）花园内留影

夫人黄素芬像（大概摄于1971年）▶

哲人其萎

◀ 1973年8月16日，夫人黄素芬生日时，于华南师范大学附属中学校园内留影（时年67岁，次日心脏病发逝世）

1973年8月16日，夫人黄素芬六十七岁寿辰时与家人合影 ▶

哲人其萎

▲ 1979年5月25日上午，南开大学校方在天津烈士陵园为陈序经先生召开平反追悼会。会后子女曼仙、穗仙、其津、云仙、渝仙在会堂前合影

▲ 1979年5月25日，陈序经先生平反追悼会（一）

哲人其萎

▲ 1979年5月25日，陈序经先生平反追悼会（二）

▲ 1979年5月25日，陈序经先生平反追悼会（三）

哲人其萎

▲ 1979年6月26日，广东省政协主持举行陈序经先生骨灰安放仪式

▲ 1979年6月26日，广东省政协主持举行陈序经先生骨灰安放仪式，会后家属合影于广州银河公墓前（第一排左起：小红、居宗泽、陈诩，第二排左起：陈渝仙、谢天真、黄素英、陈云仙、陈玉英、陈其津、陈穗仙、陈曼仙，第三排左起：李秀春、李春荣、林杏芙、黄素莲、翁绵毅、李开和；最后排左起：周任、周全、伍俊辉、林萍、居文郁、陈大淳、林道英、许贻婴、谭康、谭庄、谭保夏）

哲人其萎

▲ 1979年6月26日，骨灰安放仪式后五子女在广州银河公墓前合影

▲ 1979年6月26日，骨灰安放仪式后五子女、儿媳、女婿在广州银河公墓前合影（前排左起：渝仙、云仙、其津、穗仙、曼仙，后排左起：周任、居文郁、许贻婴、谭保夏、林道英）

永恒纪念

▲ 2003年9月9日,为庆祝陈序经先生百岁诞辰,海南省文昌市举行陈序经故居挂牌仪式

永恒纪念

▲ 2003年9月16日下午，暨南大学为纪念老校长陈序经诞辰一百周年召开座谈会。

▲ 座谈会后，暨南大学领导与陈序经先生家属合影（左起：儿媳许贻婴，五女婿周任，次女陈穗仙，蒋述卓书记，纪宗安副书记，子陈其津，幼女陈渝仙）

永恒纪念

▲ 2003年9月16日下午，纪念陈序经老校长诞辰一百周年座谈会后，暨南大学领导与陈序经先生家属合影

▲ 2003年11月8日，南开大学召开纪念陈序经先生诞辰一百周年暨学术研讨会

永恒纪念

▲ 2004年9月15日,中山大学在怀士堂举行陈序经教授百年诞辰纪念会

▲ 2004年9月15日,陈序经教授百年诞辰纪念会后,中山大学领导与陈序经先生家属为陈序经故居揭牌

永恒纪念

▲ 陈序经校长塑像，立于中山大学岭南学院岭南堂校史室（陈序经教授百年诞辰纪念会期间由谭保夏先生摄）

永恒纪念

▲ 2007年12月16日，文昌市政府和海南省文化历史研究会在文昌市举行纪念陈序经先生逝世40周年暨陈序经学术研讨会

▲ 2007年12月16日，纪念陈序经先生逝世40周年暨陈序经学术研讨会后，陈序经先生家属合影

魂归岭南

▲ 2012年11月6日，中山大学在南校区图书馆东侧广场举行陈序经先生故居开放仪式

▲ 2012年11月6日，陈序经先生故居开放仪式上，陈穗仙女士向中山大学图书馆捐赠了周恩来总理1956年签发给陈序经先生的中山大学副校长任命书

魂归岭南

▲ 2012年11月6日，陈序经先生故居开放仪式后，中山大学领导与陈序经先生家属合影

魂归岭南

▲ 2012年11月6日，仪式结束后，嘉宾们一起移步到陈序经先生故居参观

▲ 2012年11月6日，陈序经先生亲属与嘉宾在陈序经先生故居参观

魂归岭南

▲ 2012年11月6日，中山大学领导与陈序经先生家属在陈序经先生故居前合影

▲ 2012年11月6日，陈序经先生家属在陈序经先生故居前合影

魂归岭南

▲ 陈序经先生故居内景（陈序经先生在这里成就了在国内外学术界享有盛誉的百万字学术巨著《东南亚古史研究合集》。为更好地缅怀和纪念陈序经先生，中山大学将陈序经先生的书房恢复原貌，并展出陈序经先生的相关学术、生活、工作照片）

▲ 陈序经先生故居全貌（故居位于今康乐园东北区319号，是陈序经先生1949年至1964年在岭南大学和中山大学工作期间的寓所）

魂归岭南

▲ 陈序经先生故居前门

陈序经先生故居后门 ▶

先生手迹

▲ 刻苦　耐劳（先生常以此自勉，并勉励子女和学生）

荣生惟有死中得，真乐常从苦里来 ▶
（先生座右铭）

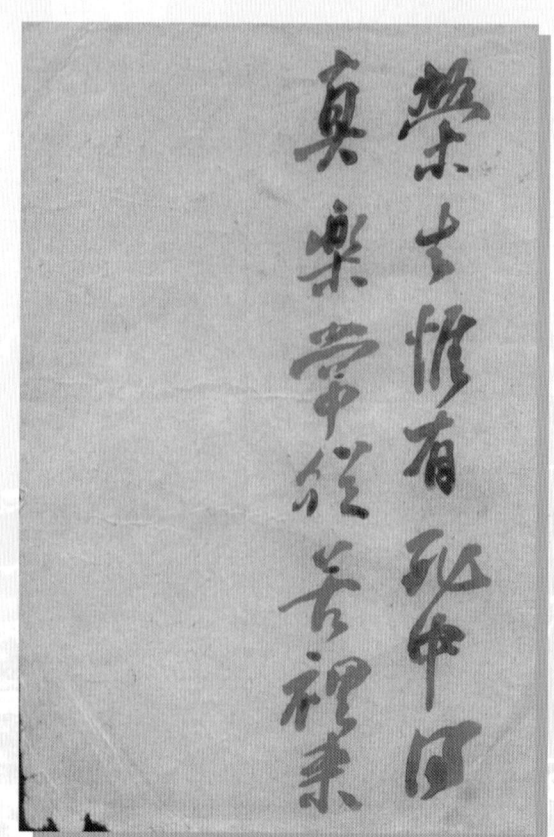

先生手迹

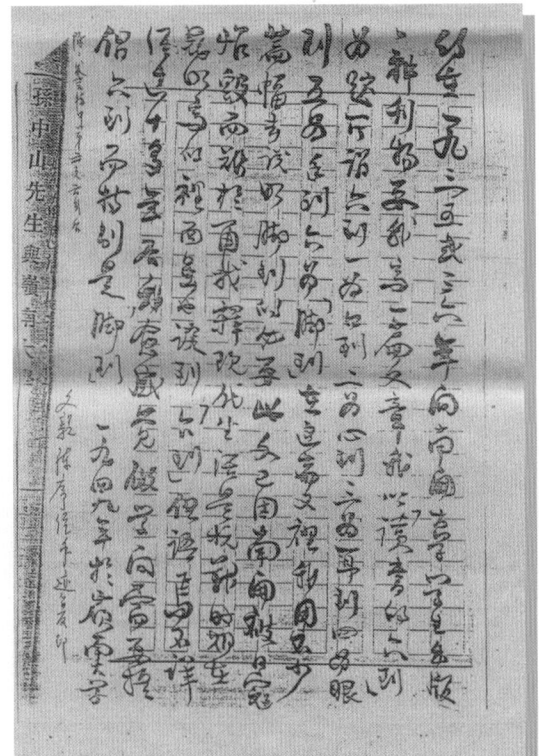

▲ 先生手迹

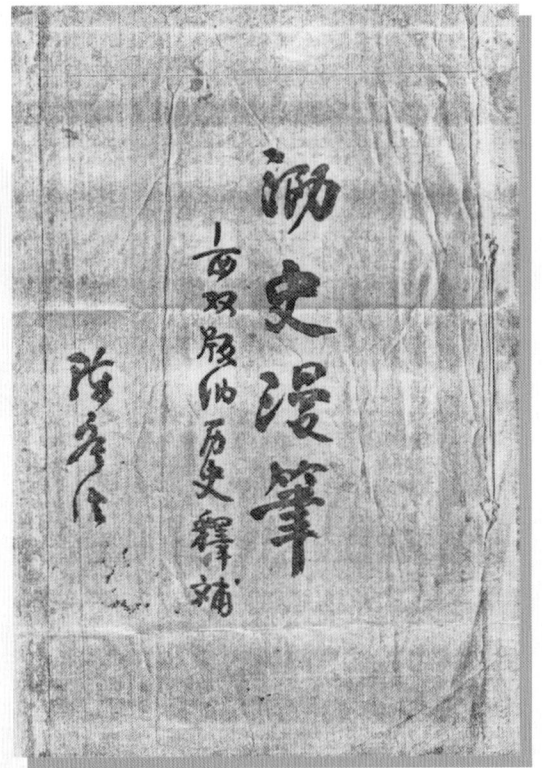

▲《泐史漫笔——西双版纳历史释补》手迹

先生手迹

■ 写给子女的家书（怀念自己父母）

往来信札

私立嶺南大學校董會

校址廣州河南康樂　電報掛號〇一九〇　自動電話五〇〇五七

序經博士鑒：茲據文理學院梁院長孟楠先生於本學期自動減少教授時數，每星期授課六小時，此外並做專門研究及著述工作。應由三月一日起至八月底止，每月照支原薪四分之三等情。自可照准，除函復梁院長及會計處照辦外，爲此函達

台端即希查照爲荷。耑此即頌

文祉

校長　鍾榮光

中華民國廿一年四月廿二日

第　頁

▲ 1932年4月，岭南大学校长钟荣光写给陈序经的信

往来信札

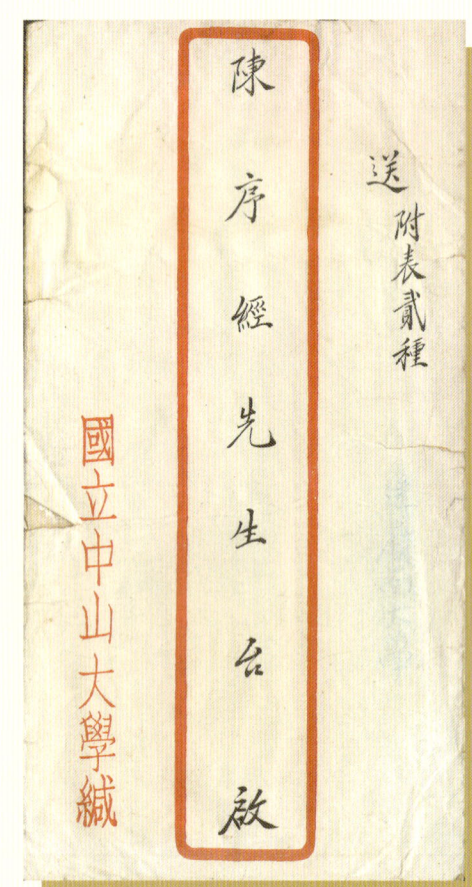

1933年，中山大学校长邹鲁写给陈序经的信

往来信札

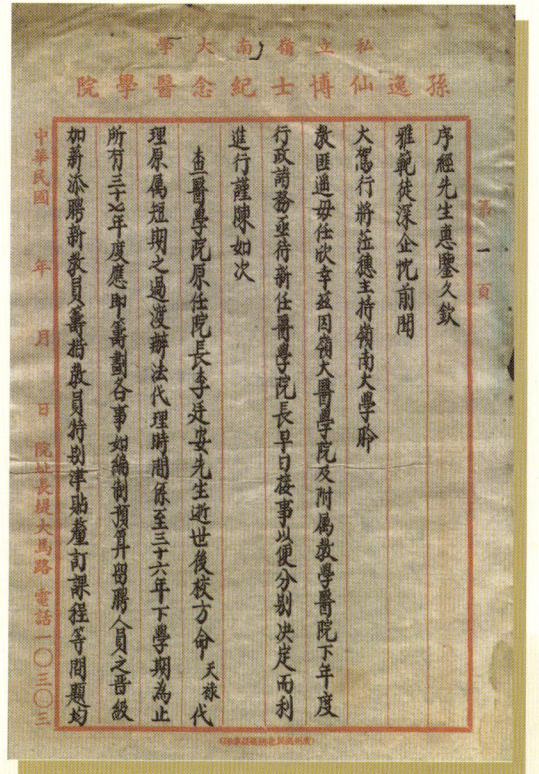

1948年，许天禄写给陈序经的信（一）

往来信札

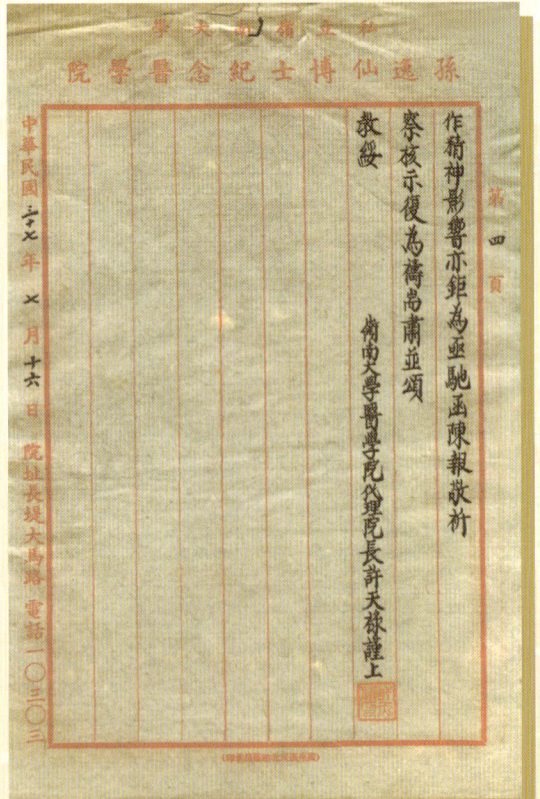

1948年，许天禄写给陈序经的信（二）

往来信札

伯平书记：

回穗以来已有三週全部时间几乎都用以收拾处理书稿，但进度很慢，奈何。二月十五至廿日之间必需北上广州。今年春节简化得多，惟花市之热闹食品之繁多不减往年。天气犹为夏季街上行人不少只穿白色单衣。这是很多年来所少见。现勿高即并此致

敬礼

序经敬顾 二月六日

▲ 陈序经先生写给俞伯平书记的信

往来信札

陈序经先生写给陶铸书记的信（一）

往来信札

■ 陈序经先生写给陶铸书记的信（二）

著述书影

▲ 東西文化觀 / 陳序經著. – 廣州：嶺南大學出版社，1937

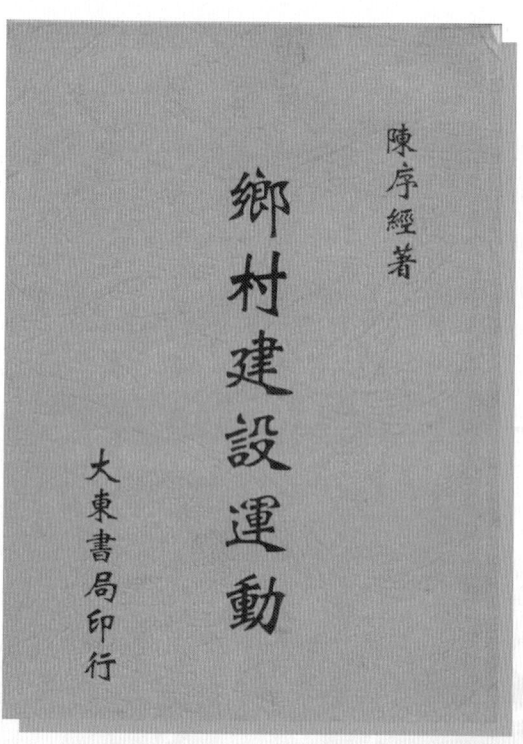

▲ 鄉村建設運動 / 陳序經著. – 大東書局，1946

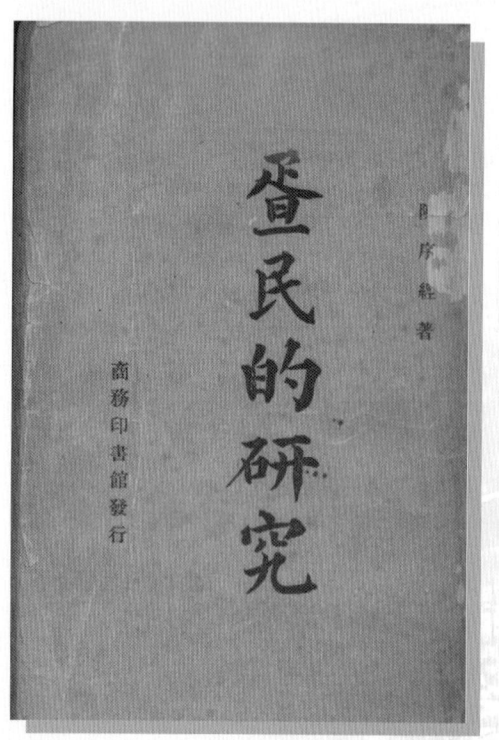

▲ 疍民的研究 / 陳序經著. – 商務印書館，1946

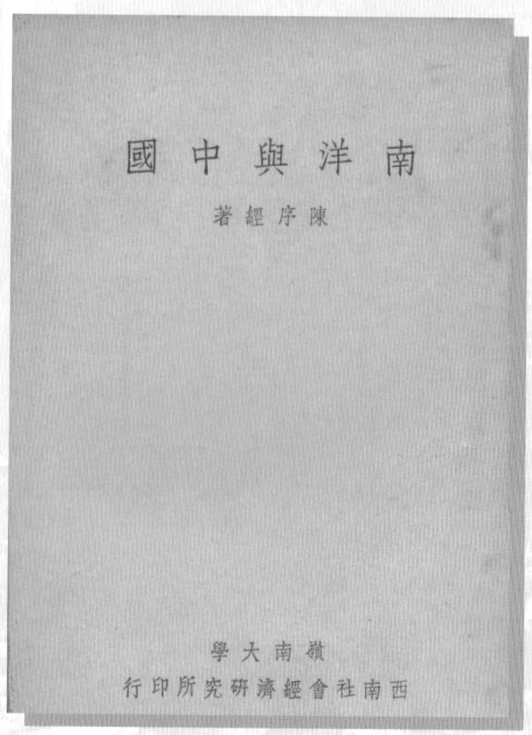

▲ 南洋與中國 / 陳序經著. – 嶺南大學西南社會研究所，1948

著述书影

▲ 大學教育論文集 / 陳序經著. – 嶺南大學西南社會研究所，1949

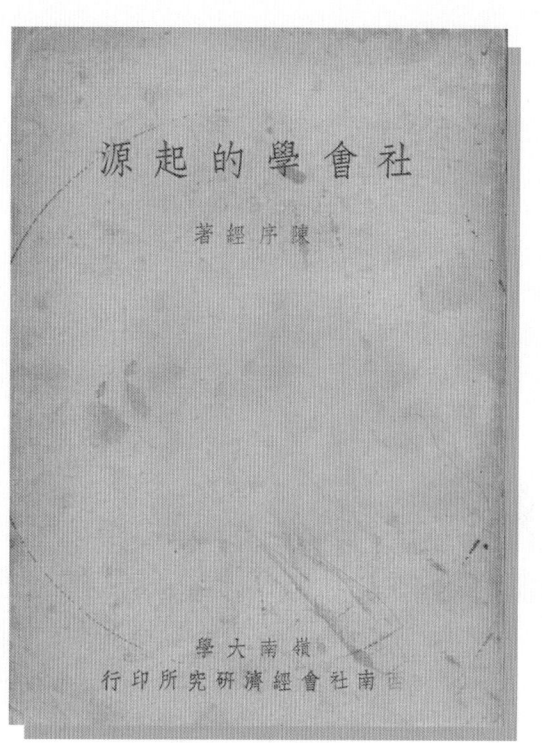

▲ 社會學的起源 / 陳序經著. – 嶺南大學西南社會研究所，1949

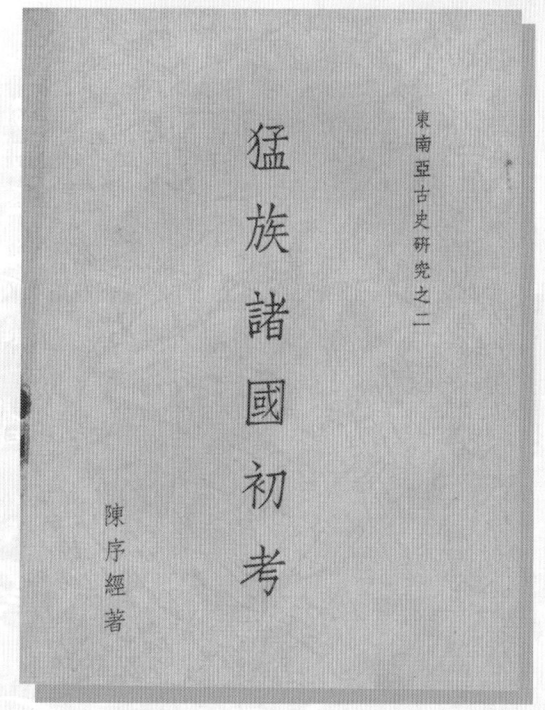

▲ 猛族諸國初考 / 陳序經著. – 1958

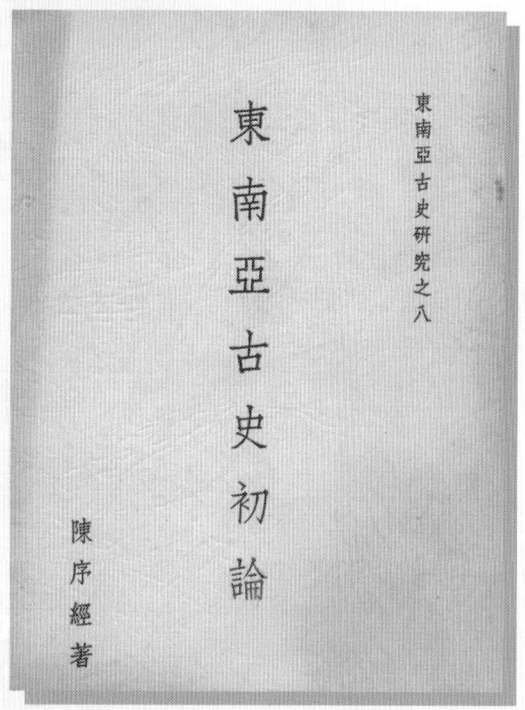

▲ 東南亞古史初論 / 陳序經著. – 1960

著述书影

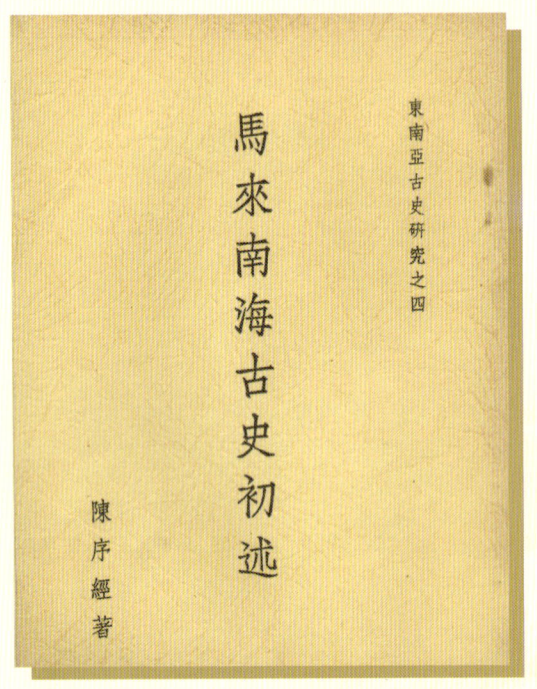

▲ 馬來南海古史初述 / 陳序經著 . – 1960

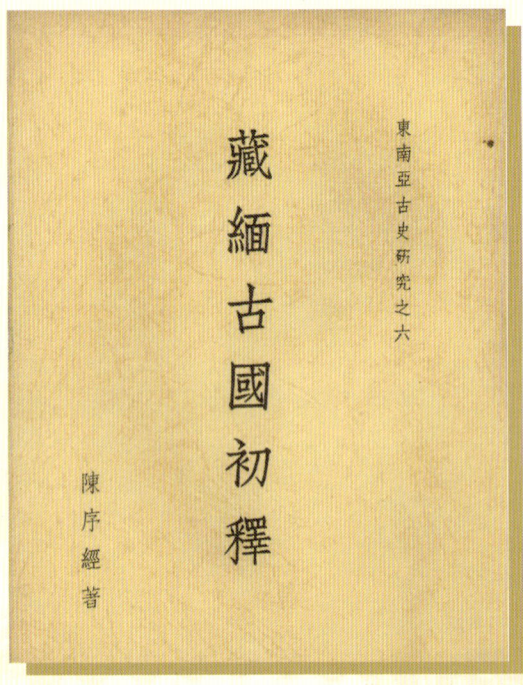

▲ 藏緬古國初釋 / 陳序經著 . – 1960

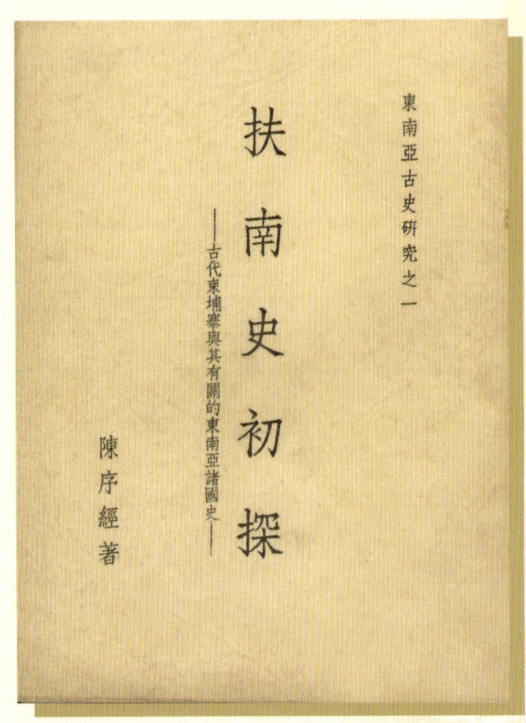

▲ 扶南史初探——古代柬埔寨與其有關的東南亞諸國史 / 陳序經著 . – 1960

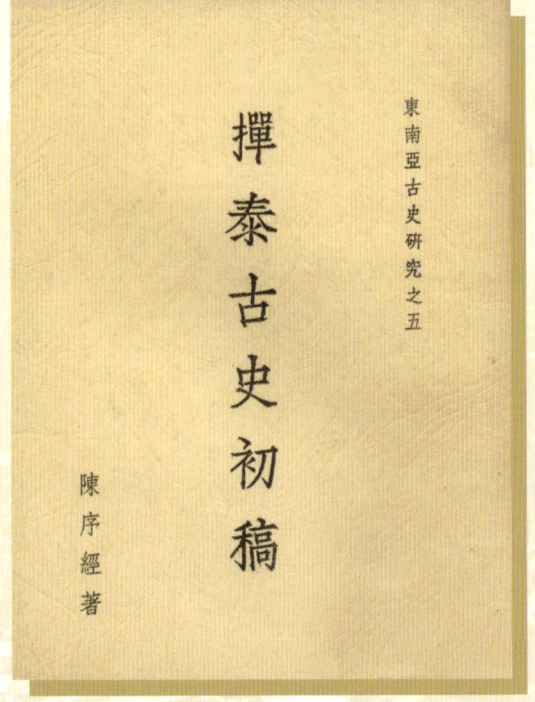

▲ 撣泰古史初稿 / 陳序經著 . – 1962

著述书影

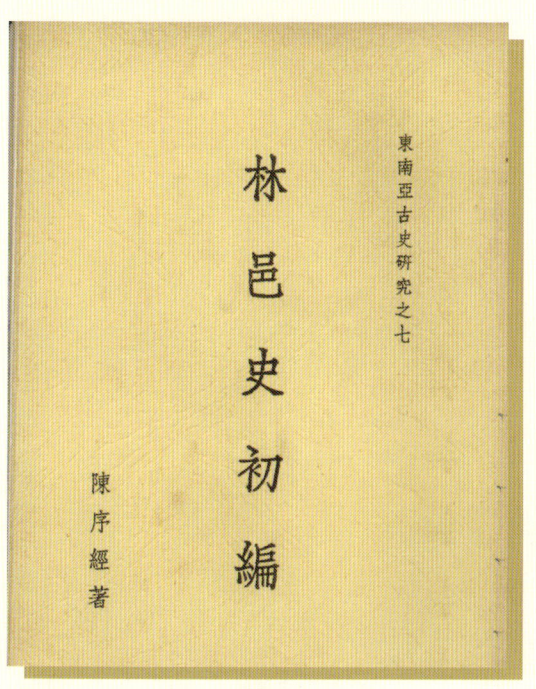

▲ 林邑史初編 / 陳序經著 . - 1970

▲ 匈奴史稿 / 陳序經著 . - 天津古籍出版社，1989

▲ 陳序經東南亞古史研究合集 / 陳序經著 . - 臺灣商務印書館，1992

▲ 走出东方——陈序经文化论著辑要 / 杨深编 . - 中国广播电视出版社，1995

著述书影

▲ 陈序经学术论著 / 陈序经著．－浙江人民出版社，1998

▲ 东方的觉醒——陈序经学术研讨会论文选集 / 陈传汉等主编．－延边大学出版社，1999

▲ 我的父亲陈序经 / 陈其津著．－广东人民出版社，1999

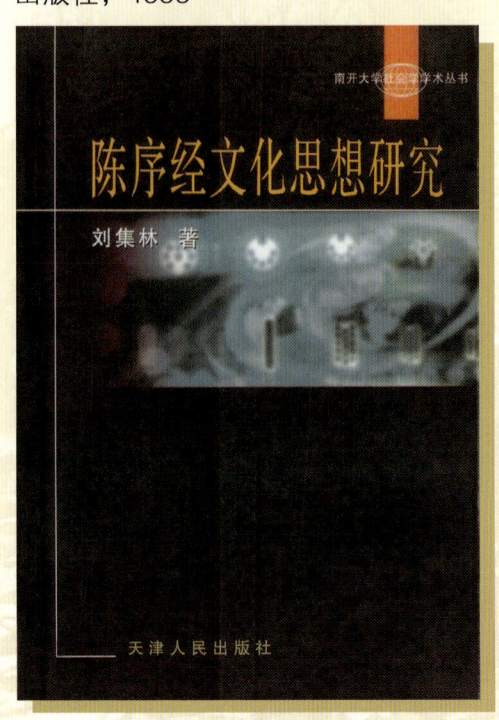

▲ 陈序经文化思想研究 / 刘集林著．－天津人民出版社，2003

著述书影

▲ 中国文化的出路 / 陈序经著．- 中国人民大学出版社，2004

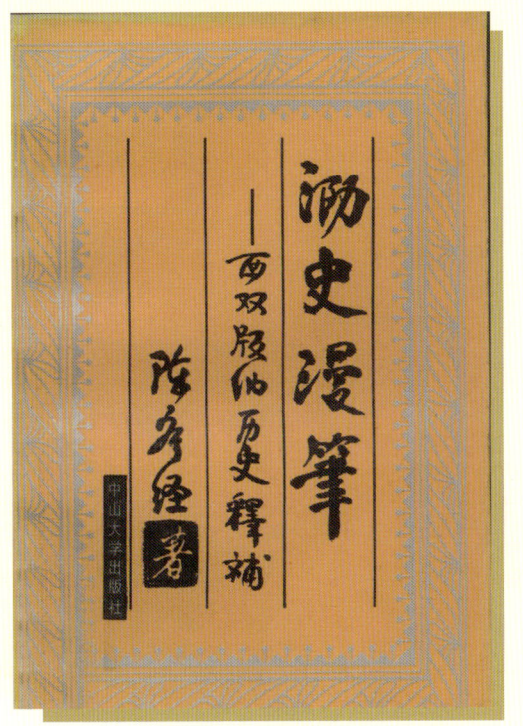

▲ 泐史漫笔——西双版纳历史释补 / 陈序经著．- 中山大学出版社，1994

▲ 陈序经文集 / 陈序经著．- 中山大学出版社，2004

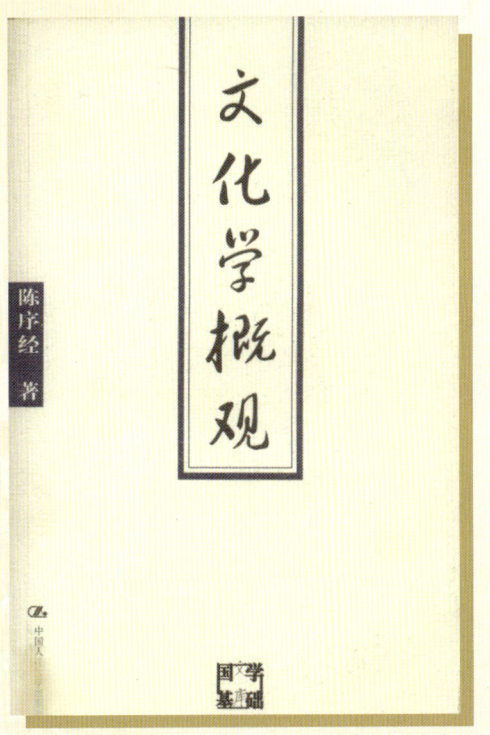

▲ 文化学概观 / 陈序经著．- 中国人民大学出版社，2005

著述书影

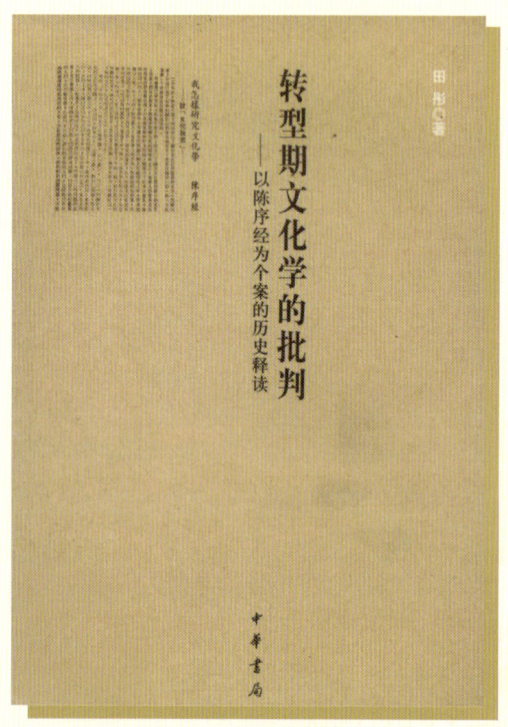

▲ 转型期文化学的批判——以陈序经为个案的历史释读 / 田彤著. - 中华书局, 2006

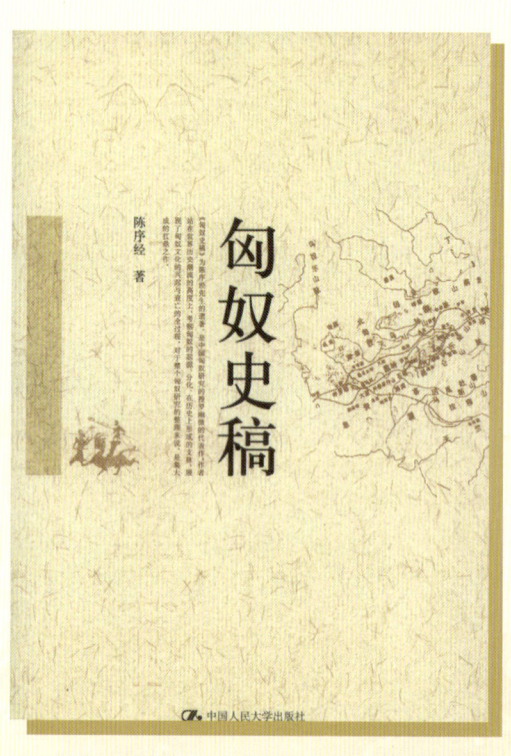

▲ 匈奴史稿 / 陈序经著. - 中国人民大学出版社, 2007

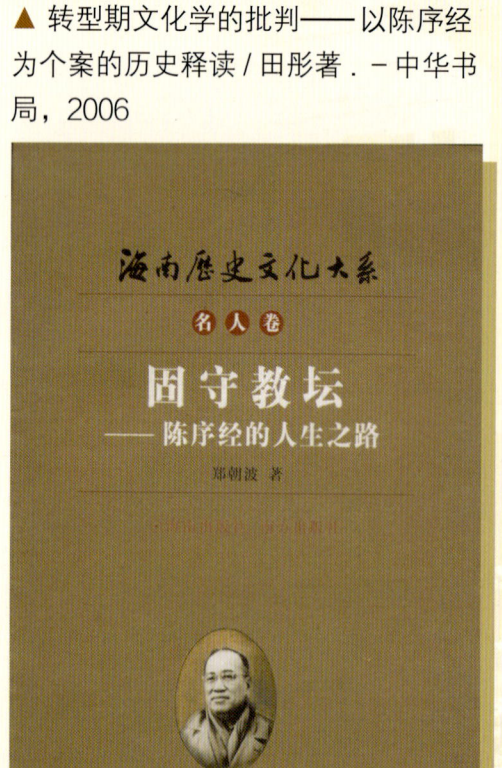

▲ 固守教坛——陈序经的人生之路 / 郑朝波著. - 海南出版社 / 南方出版社, 2008

▲ 全盘西化台前幕后：陈序经传 / 夏和顺著. - 广东人民出版社, 2010

少年习画

　　这些图画是 1915 年至 1919 年间陈序经先生与好友兼老师柯葆华先生每年暑假从新加坡赴马来西亚探亲度假时于芙蓉市学画时所绘，共 22 幅。

少年习画

陈序经图录

少年习画

少年习画

少年习画

少年习画

陈序经图录

附录一：陈序经先生年表简编

1903年9月1日	生于海南岛文昌县清澜港瑶岛村。取名序经，字怀民。
1906年8月16日	夫人黄素芬出生于广东省中山市石岐青岗乡。
1907年	入私塾接受启蒙。
1909年	随父去新加坡侨居。
1912年	母病故，由新加坡返乡。后与妹惠英到汪洋村，就读致远小学，受教于校长林天心先生。
1914年	就读于文昌县模范小学，受教于校长林鸿茂先生。
1915年	随父赴新加坡侨居，先后就读于育英学校、道南学校、养正学校及华侨中学，成绩名列前茅。
1919年	受父亲陈继美影响，不愿接受殖民教育而回国。
1920年	考入广州岭南大学附中初中三年级读书（连跳二级），曾任该年级《全社》学报的编辑主任。
1922年	以同等学历考入上海沪江大学生物系学习。
1924年	回南洋省亲，返沪后因不愿意加入基督教，转入复旦大学社会学系攻读。

1925年7月1日	被复旦大学社会学系授予学士学位。
8月5日	乘邮轮前往美国伊利诺伊大学攻读硕士学位。

1926年8月14日	被伊利诺伊大学研究生院授予硕士学位（Master of Arts）
1928年6月13日	被伊利诺伊大学研究生院授予博士学位（Doctor of Philosophy），博士论文题目为"*Recent Theories of Sovereignty*"（《现代主权论》），1929年正式出版。暑假回国，受聘任岭南大学社会学系助理教授。

1929年8月20日	在新加坡与黄素芬女士结婚，婚后携妻赴柏林大学研究政治学、主权论和社会学。

1931年2月	在德国基尔大学世界经济研究院学习经济学。因劳累过度，感染肺病，入基尔大学医院治疗。留学期间著述颇多，英文著作如《新政治》，约三万字。中文著作有《孔夫子与孔先生——欧游杂感之一》，刊登于《岭南学报》1930年第一卷第二期；《中国胚胎时代政治思想》、《霍布金斯的社会学》刊登于《留德学志》；《东西文化观》刊登于《社会学刊》第二卷第三期。
2月21日	大女儿曼仙在德国基尔大学医院出生，取意"日耳曼（德国）"。
4月15日	乘船离德回国。
6月	抵达广州，任教于岭南大学。

1932年	父亲病故于海口。
5月26日	在《广州民国日报》"现代青年栏"发表《对于现代大学教育方针的商榷》一文。

1933年	南游安南（今越南）、暹罗（今泰国）与新加坡。
8月1日	二女儿夏仙在岭南大学护养院出生，取"华夏"之意。多年后又按出生地改名为穗仙。

1934年1月15日	在《广州民国日报》发表《中国文化的出路》，提出"全盘西化"的主张，在全国引起了一场激烈的文化论战。
1月29日	在《广州民国日报》发表《关于中国文化之出路答张磐先生》一文，后又发表《关于中国文化之出路再答张磐先生》、《对于一般怀疑全盘西化者的一个浅说》等文。著作《中国文化的出路》由上海商务印书馆出版。
5月	在《岭南学报》第三卷第三期发表《南北文化观》。夏天，被南开大学经济研究所聘为研究教授。
11月11日	在《独立评论》第126号发表《乡村文化与都市文化》。论战双方的论文收入《全盘西化言论集》。
1935年	任南开大学经济研究所研究主任。
3月	在《独立评论》第142号发表《关于全盘西化答吴景超先生》一文。赴暹罗从事调查研究四个月。
3月25日	三子陈其津在天津南开大学出生。
4月	在《独立评论》第147号发表《再谈"全盘西化"》一文。
5月	在《独立评论》第149号发表《从西化问题的讨论里求得一个共同信仰》。论战双方的论文收入《全盘西化言论续集》。在天津《大公报》上发表《读十教授〈我们的总答复〉后》一文。撰写《全盘西化论》。
7月	在《独立评论》第160号发表《全盘西化的辩护》一文。上海大东书局出版《乡村建设运动》。商务印书馆出版《中国文化史略》。
1936年1月13日	在《国闻周报》第十三卷第三期发表《一年来国人对于西化态度的变化》一文。
4月	在《独立评论》第196号发表《乡村建设运动的将来》一文，引发了一场乡村建设运动的论战。
5月	在《独立评论》第199号发表《乡村建设理论的检讨》一文。在《岭南学报》发表《东西文化观》。
10月	文化论战的论文收入《全盘西化言论三集》。

1937年	赴广东顺德考察蚕丝工业。"七七事变"后,南开大学与清华大学、北京大学在长沙联合筹备成立临时大学。
1938年	临时大学撤至昆明,成立西南联合大学。任该校法商学院院长。开始研究并撰写"文化论丛"二十册。整理《疍民的研究》、《暹罗与中国》、《乡村建设评议》等。

1939年	商务印书馆出版《暹罗与中国》。
10月13日	四女儿云仙在云南昆明出生,取"云南"之意。

1943年1月	在《今日评论》发表《抗战时期的西化态度》一文。
10月	在《昆明正义报》发表《乡村建设的途径》一文。

1944年8月	应美国国务院邀请赴美讲学一年。参加太平洋国际学术会议,提交英文论文《南洋与中国》。

1945年2月17日	小女儿渝仙在重庆南开中学出生。

1946年	抗日战争胜利后,南开大学回迁天津复校。任南开大学教务长兼政治经济学院院长和经济研究所所长。
5月	上海大东书局出版《乡村建设运动》。
10月	上海商务印书馆出版《疍民的研究》。

1947年9月9日	发表《与胡适之先生论教育》一文,在国内引发一场关于教育问题的大论战。
11月	商务印书馆出版《文化学概观》。

1948年4月	在《社会学讯》第七期发表《研究西南文化的意义》一文。
8月1日	任岭南大学校长,为岭南大学第三位华人校长(第一位为钟荣光、第二位为李应林)。
	上半年赴泰国、马来西亚、新加坡等国考察。
12月	出版《南洋与中国》。

1949 年	延揽陈寅恪、姜立夫等著名学者任教岭南大学。
6 月	发表《社会学的起源》一文。
10 月	将有关教育的论文编为《大学教育论文集》。出版《越南问题》，均由岭南大学西南社会经济研究所出版。拒绝迁校香港的建议。
春节	为曼仙、穗仙、其津、云仙、渝仙五位子女写成回忆其父母的信函。
1952 年	全国高等学校院系调整，中山大学文理科与岭南大学文理科及其他一些高校系科合并调整，组成新的中山大学，出任中山大学筹备委员会副主任。
1954 年	院系调整结束后，任中山大学历史系教授，重点展开东南亚各国史、匈奴史、西南少数民族史、中西交通史等研究。50 年代末 60 年代初出版《东南亚古史研究》八种（1992 年结集为《陈序经东南亚古史研究合集》上下册）。遗著《匈奴史稿》于 1989 年出版。
1956 年	被评为一级教授。任中山大学副校长、全国政协第二届委员、广东省政协第一届常委。
1957 年	兼任暨南大学筹备委员会副主任。
3 月	在《人民日报》发表《华南水上居民需要特别加以照顾》一文。
1958 年	在《中山大学学报》第二期发表《猛族诸国初考》一文。
1962 年	任暨南大学校长、校董事会筹备委员会副主任、校董事会副主席。留任中山大学副校长。在《中山大学学报》第四期发表《骠国考》一文。

1964年秋	在香港出版《东南亚古史研究》。 调任南开大学副校长。在云南考察期间，意外获得《泐史》与《车里宣慰世系》，与《明史》相互印证，反复考据，写成《泐史漫笔——西双版纳历史释补》一书，由中山大学出版社于1994年出版。
1966年12月	"文化大革命"期间受到迫害。
1967年2月16日	在南开大学因心脏病突发逝世，享年64岁。《中西交通史》未完稿。

1973年8月17日	夫人黄素芬女士逝世。

1979年5月25日	南开大学为陈序经平反并召开追悼会。
6月26日	广东省政协为陈序经举行骨灰安放仪式。

附录二：陈序经故居开放仪式

陈序经先生故居开放仪式日程

时间：2012年11月6日（星期二）10:00—11:00

地点：图书馆东门北侧广场

主持人：李萍　中山大学党委副书记

09:45—10:00	嘉宾签到
10:00—10:05	中山大学党委副书记李萍教授主持仪式，介绍出席仪式嘉宾
10:05—10:15	中山大学党委常务副书记、副校长陈春声教授致辞
10:15—10:25	陈序经先生三子陈其津先生致辞
10:25—10:35	中山大学图书馆馆长程焕文教授介绍陈序经先生故居修复开放有关情况
10:35—10:45	陈序经先生亲属代表（次女陈穗仙女士）与中山大学代表（图书馆馆长程焕文教授）互赠纪念品
10:45	礼成

仪式结束后，全体嘉宾参观故居，随后前往中山大学紫荆园宴会厅参加午宴。

附录二：陈序经故居开放仪式

在陈序经先生故居开放仪式上的致辞

（2012年11月6日上午 10:00—11:00，图书馆东门北侧广场）

陈春声　副校长

尊敬的陈穗仙女士，陈其津先生，陈渝仙女士，各位来宾，老师们，同学们：

在中山大学即将迎来88周年校庆之际，今天我们怀着欣慰的心情，共同见证陈序经先生故居的开放。这不仅是我校学术文化生活的一件大事，也是我们对陈序经先生的深切缅怀与最好纪念。

陈序经先生是我国现代文化思想史上的大师，著名教育家，在文化学、社会学、教育学、历史学、民族学、政治学、经济学等学术领域成就卓著，曾先后担任西南联合大学法商学院院长及校务委员会委员、岭南大学校长、中山大学副校长、暨南大学校长、南开大学副校长等职，为我国高等教育事业的发展做出了卓越的贡献。

陈序经先生在康乐园求学、治学、生活、工作了近二十年。在执掌岭南大学时期，陈序经先生坚持"教授治校"的理念，广纳学术名流，先后引进了陈寅恪、姜立夫、谢志光等一大批知名学者，使康乐园成为海内外为之瞩目的学术圣地。陈序经先生不仅是位优秀的教育家，而且还是一位知识渊博、学贯中西的学术大师。先生一生奋志力学，勤勉笔耕，著述丰硕。先生积极推动东南亚历史的研究，创建了当时中国最早的东南亚及华人华侨问题研究机构——中山大学东南亚历史研究室，成为东南亚古史研究的开拓者和奠基人。正由于其卓越的学术成就，1956年陈序经先生被评为一级教授，成为当时中山大学仅有的三位一级教授之一。陈序经先生为康乐园留下了丰硕的学术成果与宝贵的精神财富，为中山大学悠远优良的学术传统和人文精神增添了浓厚亮丽的一笔光辉。直至今日，陈序经先生宝贵的学术和精神遗产，仍然令中山大学的后学受用不尽。

陈序经先生对康乐园怀有深厚的感情，在园中留下了深刻的印记。诸位身后的这座红楼，正是陈序经先生1949年至1964年在岭南大学和中山大学工作期间的寓所，先生在这里成就了国内外学术界享有盛誉的百万字的学术巨著《东南亚古史研究合集》等著作。如今我们将陈序经先生的书房恢复原貌，并展出先生学术、生活、工作的相关照片，以求尽可能向师生和公众展示陈序经先生光辉的生平，缅怀他的事业和精神，实为可喜可贺的佳事。在此请允许我代表中山大学向陈序经先生的家人为故居开放所付出的努力表示衷心的感谢！

希望陈序经先生故居的开放能够帮助越来越多的后来人铭记先生教诲、追随先生足迹，感念奋进、携手戮力，把我们的学校建设得更加美好，把我们的事业发展得更加壮丽。

附录二：陈序经故居开放仪式

哲人已逝 魂兮归来
——在陈序经故居开放仪式上的讲话

（2012年11月6日上午10：00，
中山大学康乐园马岗顶陈序经故居西侧广场）

程焕文

尊敬的陈穗仙女士，陈其津先生，陈渝仙女士，陈序经先生的各位亲属

陈春声常务副书记、副校长，李萍副书记，

各位嘉宾，女士们，先生们：

在中山大学88周年校庆之际，我们在这里举行隆重而简朴的陈序经先生故居开放仪式。受学校的委托，我谨向各位报告陈序经先生故居的修复开放情况。

中山大学康乐园素以红砖绿瓦林荫道著称于世，与武汉大学、厦门大学和北京大学并列为中国四大最美丽的校园。在参天蔽日的大树下，在四季常青的园林间，散落着70多栋红砖绿瓦的建筑，这些建筑具有一百多年的历史，已被列为广东省文物保护建筑，享有"康乐红楼"的美誉。康乐红楼不仅是近代岭南建筑的典范，而且凝聚着岭南大学和中山大学的历史、文化和学术记忆。

中山大学非常珍惜这份历史遗产和历史记忆，2004年11月，在中山大学80周年校庆之际，学校决定在部分红楼前树立名人故居纪念碑，校办主任陈望南相继在陈寅恪先生、许崇清先生、陈序经先生等名人长期居住的红楼前树立故居纪念碑，以便海内外学人在康乐园寻觅先贤的足迹，缅怀先哲的功绩。

2009年，为庆祝中山大学85周年校庆，学校决定修复开放陈寅恪故居。受学校的委托，我具体负责陈寅恪故居的修复、布展和开放工作。2009年11月12日，陈寅恪故居开放以后，陈序经先生的女儿陈穗仙女士与女婿谭保夏先生曾多次前来陈寅恪故居参观，并且向李萍副书记表达了希望能够进一步修复开放陈序经故居的愿望。

在2000年住房改革以前，康乐红楼延续着过去的传统，一直是著名教授的住宅。2000年住房改革以后，因康乐红楼作为保护建筑不能出售，加上学校飞速发展，公共建筑远远不能满足学校发展的需要，因此大多改做科研团队用房，陈序经故居亦不例外。

为了既不影响学校的发展，又能够在树立陈序经故居纪念碑的基础上尽可能地开放陈序经故居，李萍副书记曾数次陪同陈穗仙女士夫妇到陈序经故居查看，商量修复开放的方案，最后确定以陈序经先生的书房为主体，局部开放陈序经故居。

在陈穗仙女士的指导下，我和图书馆的同仁对陈序经先生的书房进行了修复和布置。陈序经先生1964年离开中山大学，距今已经有48年之久，过去使用过的家具早已无从寻觅。根据陈穗仙女士的回忆，我们找来了岭南大学当年的书桌、椅子和书架，这些老岭南的书桌和椅子在今日已经是十分珍贵的文物，虽非原物，但是大致可以再现陈序经先生当年在书房著述的情景。这也是继陈寅恪故居之后，中山大学修复开放的第二个名人故居。

如今开放的陈序经故居只是故居的书房部分，只有几个平方，空间十分狭小，是一个地地道道的斗室和陋室。如果不是陈穗仙女士亲口向我述说，我简直不敢相信：在20世纪50年代末60年代初，陈序经先生就是在这斗室、陋室之中，先后完成了《东南亚古史初论》、《越南史料初辑》、《林邑史初编》、《扶南史初探》、《猛族诸国初考》、《掸泰古史初稿》、《藏缅古国初释》、《马来南海古史初述》等八种东南亚古史研究著作和《匈奴史稿》，以及《中西交通史》，总计两百多万字的著述。

每次步入这只有几平方米的陋室，端详着陈序经先生当年在这陋室中拍摄的著述照片，我都会从内心深处对陈序经先生产生由衷的敬意，深深地被陈序经先生的学术精神所感动、折服，脑海里总会浮现出唐代文学家刘禹锡的《陋室铭》：

"山不在高，有仙则名。水不在深，有龙则灵。斯是陋室，惟吾德馨。苔痕上阶绿，草色入帘青。谈笑有鸿儒，往来无白丁。可以调素琴，阅金经。无丝竹之乱耳，无案牍之劳形。南阳诸葛庐，西蜀子云亭。孔子云：何陋之有？"

这就是我们今天即将开放的陈序经先生故居，斯是陋室，惟陈序经先生德馨，何陋之有？

在陈序经故居的门廊和走廊，我们精选和悬挂了陈序经先生当年在此生活、著述的部分照片和其他历史照片。这些照片生动地展现了陈序经先生的生平事迹和幸福美满的家庭生活。图书馆的同仁王蕾、谢小燕、韩宇从陈穗仙女士提供的200多张照片中精选大约100张照片，编印了《博雅谨厚的教育家陈序经先生生平图录》，以供前来参观缅怀者阅览。今年是中山大学88周年校庆，我们将向陈序经先生的家人赠送88册《陈序经先生生平图录》，以资纪念。2014年将是中山大学90周年大庆，届时图书馆同仁将进一步收集陈序经先生的照片，正式编辑出版《陈序经图录》，以纪念陈序经先生，缅怀陈序经先生的丰功伟绩。

近十年来，中山大学图书馆高度重视中山大学著名教授学术著述和藏书的收集、保存、传承和弘扬，相继设立了陈寅恪、商承祚、梁方仲等一批学术大师的纪念专藏。这些藏书纪念室已经成为学人朝圣和弘扬中山大学学术精神的场所。多年来，我们一直渴望能够收集到陈序经先生的藏书、手稿、书信、照片等珍贵文物，以设立陈序经藏书纪念室。近年来，陈穗仙女士陆续将陈序经先生的《东西文化观》、《中国西化观》、《中国文化观》、《西洋文化观》、《美国文化观》，以及八种东南亚古史研究著作等著述的手稿寄存中山大学图书馆，这是十分英明的决策。中山大学图书馆是国务院公布的全国第一批重点古籍保护单位，是文化部公布的全国12个国家级古籍修复中心之一，在全国高校中独一无二；更为重要的是，中山大学图书馆同仁对先贤的著述充满了敬意，无比珍惜，呵护有加。在今天的陈序经故居开放仪式上，陈穗仙女士将代表陈序经先生的家人向图书馆赠送1956年11月16日周恩来总理颁发给陈序经先生的中山大学副校长任命书和陈序经先生的获奖证书。这些珍贵的文物将成为中山大学的传世珍宝。在此谨向陈序经先生的亲属致以衷心的感谢和崇高的敬意！我坚信：将陈序经先生的手稿和文物捐献给中山大学图书馆是最佳的选择和最英明的决策；这也是我们所有中大人和岭大校友的共同期盼。

早在20世纪20年代，陈序经先生就在康乐园岭南中学读书，30年代留学归国后在岭南大学任教，1948年至1952年任岭南大学校长，1956年至1964年任中山大学副校长，在64年的光辉历程中，陈序经先生在康乐园中度过了人生最宝贵和最辉煌的23年。康乐园的每一寸土地都留有陈序经先生的足迹，康乐园的一砖一瓦都映照着陈序经先生的光辉，康乐园的文化传统和学术命脉中都洋溢着陈序经先生的精神。

哲人已逝，魂兮归来！

谢谢大家！

后　记

　　《陈序经图录》是由中山大学图书馆整理编制，由我们子女提供照片，并一一作了说明。

　　这些照片包括了先父陈序经先生从1915年赴新加坡至1967年2月16日逝世，他一生各个时期的照片，有的是七七事变抗日战争前夕寄存在南开大学六里台经济研究所的阁楼上，直到1964年他重返南开大学任职，学校将他寄存书的木箱还给他时才拿到的。这些照相簿历经了抗日战争、解放战争，经"文化大革命"被取走之后又还给母亲保存下来的，因此是十分珍贵的。

　　父亲在美国学习时，祖父给他富足有余的生活费用。这些钱他并没有用于生活奢享上，而是用在了购买学习参考书上，其中有的书是在德国学习研究时的马克思原著。有一张父亲与书的合照，他在照片旁自题"愿做穷鬼，勿售此书"，可见他对书的爱惜和深厚的感情。直到他去世，家里都没有一部照相机，更不用说去买车了。母亲曾对我说过，父亲研究学问写著作，收到的稿费从来都是贬值的，他写作并不是为了稿费，而是为研究学问。

　　照片，只能反映父亲生前的部分经历，而他一生对祖国和人民所做的贡献，特别是在教育事业上的贡献，更是值得我们子女回顾与怀念。

　　当年，正是新中国成立前夕的动乱时期，父亲应邀借调到岭南大学任校长两年。为了能在南方办好一所全国著名的大学，他聘请了著名专家学者陈寅恪教授、姜立夫教授、王力教授、冯秉铨教授等，还请来了谢志光、陈国桢、陈耀真、毛文书、徐天禄、白施恩、司徒展等一批一流医学专家来岭南医学院任职。在短短不到半年的时间，他把附属医院（博济医院）由每月亏损5000元港币扭转到盈余数千至几万元港币，并为岭南大学其他院系聘请专家学者提供了资金。

父亲接手岭南大学时，学校经费紧张，远不能解决聘请人才、购买设备、仪器等建校必需的开支。但他一心为教育事业，待人真诚宽厚，因此能顺利请到专家学者。此外，父亲为学校经费不足向各大银行（如金城、新华、农民、交通、中央等银行）借款。有的银行为他想办法，使他后来还了借款还有多余；有人见他为办学经费发愁，为医学院买X光设备犯难，借出款不但不要求归还，甚至还赠款不留名。因为当年货币贬值较快，父亲每每收到学费就将款项变购物资，需用时换购出去以保证学校教职员工的工资发放。

从20世纪30年代起，父亲为中国现代化从事文化出路研究写作和论战，相继完成一系列的论著（详见年表）。1952年广东省高等院校院系调整，岭南大学合并入中山大学，父亲担任筹委会副主任，1954年任中山大学历史系研究教授，并积极筹建中山大学东南亚历史研究室。从这时起，父亲主攻中国少数民族历史及东南亚古史研究，每年自编教材授课。直到60年代初完成了《东南亚古史研究》著作共八种，随后又开始《匈奴史稿》的写作。1964年，父亲在广东省政协委托云南省政协的帮助下，由云南大学江应樑教授陪同，前往西双版纳调研，于1965年完成最后一部著作《泐史漫笔》。

在父亲去世后，南开大学七十周年校庆时出版了他的遗著《匈奴史稿》。为纪念他九十诞辰，在他的岭南老学生们捐助下，《陈序经东南亚古史研究合集》八种由深圳海天出版社、香港商务印书馆、台湾商务印书馆三个出版社同时出版，《泐史漫笔》也由中山大学出版社出版。至此，父亲的主要著作都已出版。

在教学、行政工作之余，父亲一生研究学问、写作艰辛，几十年如一日。无论冬寒夏暑，每天坚持早上4点多钟起来写作。抗日战争期间居于昆明时，头顶日寇飞机轰炸、发着高烧时都不例外。父亲留给后人的遗产除了五六百万字的著作，更珍贵的是他对教育事业的无限忠诚和勤奋研究学问的精神。

50年代父亲陪同中山大学的苏联专家去流溪河参观游览，见到河上木排工人用木料烧饭，他即与守木排工人商量，以学校园林的树木截枝换取木料，既解决木排工人煮饭燃料问题，也能解决学校缺乏修缮建材的困难。在旁的苏联专家当即表示，在自己的国家从没见过这么精明能干、一心为学校的好校长。

1980年10月，原岭南大学基金会主席富伦被邀请来中山大学，曾约见父亲在广州的子女，后来在给我们的来信中提到："我非常敬仰你的父亲，有你父亲这样的朋友，是我一生最大的荣幸，因此我竭尽努力使我的作为符合于我与他生前共事时所给予的教导。"

这说明不论哪一国家的教育工作者，只要和父亲稍有接触，就会感觉出他那种全心全意为振兴中华发展教育事业的精神。

父亲待人真诚、谦逊，胸怀宽广，从不摆架子。他经常到专家学者、普通职工家中，了解他们的困难并给予帮助。正如他对卢文教授所说，"我这个校长是为教授服务的"。1964年，他与梁方仲教授等人从海南考察回来，接车的老师称赞他写的东南亚古史资料丰富时，他谦逊地说："我主要是作为一个东南亚古史研究的资料员，先把有关方面资料整理一下，作为他人尤其是年轻人们的参考。"而他还认为，"作为一个资料员，我也没做好"。

父亲很少有娱乐享受，只因为我喜爱钢琴音乐，有两次亲自带我去解放路迎宾馆，在省政协的礼堂里听刘诗昆和俞丽娜赴港前的预演及回粤的汇报演出。对这两次演出的情况他谈了不同的看法。在百忙中他仍不忘对女儿的兴趣关心培养，这是多么可贵的教育方式。

1966年春节，父亲从南开大学回来中山大学度假。在他将要与母亲带着我的大儿子谭康回天津工作之际，父亲在客厅单独和我谈话，并交代南方整个家托付我照料，由我代他处理一些家务事。由于父亲曾看见过我用铅笔素描我两岁小儿子的照片和一张画报上的封面女郎，觉得我像他小时一样喜欢画画，便从书房取出一卷用旧报纸包着并用细绳捆扎起来的画作送给我，说这22幅珍藏的图画，是当年（1915—1919年间）每年暑假他和好友柯葆华先生（父亲在新加坡育英学校的体育、音乐、图画老师）从新加坡到马来西亚探亲友时，在芙蓉市学习时画的图画（以下简称"习画"）。

1989年退休后，我再次把父亲送给我的这卷习画从书架顶取下来。我一张一张仔细欣赏父亲当年的作品，越看越能体会画作的精致之处。时过境迁，包扎画作的报纸早已发黄，这些74年前完成的习画也比父亲最初送给我时更易碎，有不少处已破损，我心里深感愧疚。为了抢救父亲珍藏的这批少年习画，我特意委托保夏姐夫黄安达，转请他哥哥黄安仁先生（广东省知名画家）帮忙，由他建议并用托画形式修整，因此该画至今又保存了24个年头。

现在展开来看，习画的色彩依旧，显示出父亲当年学习图画的功底相当好，其中唯一画鸟的一幅，画得栩栩如生；还有那带刺的玫瑰、一串串葡萄等都格外生动。可见当年他学习图画刻苦认真、精益求精的精神。他在1949年春节给我们子女的回忆录中提到："我十余岁时，曾有一个时期喜画图画，也为别人画过像，还与柯葆华先生画过父亲的像……"其中爱画画的原因是他年幼丧母，祖母在世时对他严于教导，吃苦耐劳的形象深深留在了他脑海中，欲画于纸面却未能实现。后来回国读书前，"有人劝我入美术学校"，可他最终还是听从了祖父的安排进入岭南中学。

2013年9月1日是父亲110周年诞辰，我也已80周岁。父亲未收藏或购置任何古字画文物，留给我们的只有他的学习研究成果。为了纪念他，我唯一能做的是将他送给我的、珍藏已近百年的习画公之于众，表达女儿对他最深切的怀念。

一直以来，中山大学校党委、校领导对父亲身后事的关怀让我们备受感动。2003年李萍同志会见了我们，并安排筹备陈序经百年诞辰纪念会、立故居牌；此后直到2012年11月6日故居开放前，图书馆馆长程焕文教授一直与我们沟通联系；在馆长带领下，特藏部倪莉、王蕾主任及工作人员张琦、谢小燕、韩宇等将我们家属提供的照片做了扫描、核对、整理等大量细致的工作。为了开放故居，他们在短短的时间里为故居开放仪式策划编辑《陈序经先生生平图录》图册，让与会者更深切地了解并加深了对父亲的印象。

今年，《陈序经先生生平图录》再次由程焕文教授策划出版。王蕾、谢小燕、张琦等工作人员百忙中与我们家属联系，就一些细节问题进行了商讨，并增加了一些新的内容，定名为《陈序经图录》，在中山大学九十周年校庆之际正式出版。这是党和人民对父亲虽死犹生、"荣生唯有死中求"的理解。而"刻苦"、"耐劳"、"真乐常从苦里来"是他一生的写照。父亲提出的"六到"："口到、心到、耳到、眼到、手到、脚到"，是他一生研究学问写作和从事教育事业的实践经验和座右铭，是我们子孙后代唯一要继承的精神遗产。"要靠自己去努力……"的遗言也深深地印在我们的脑海，铭刻在我们的心上。在此，我们子女五人对中山大学校党委、校领导及中山大学图书馆领导、工作人员为父亲所做的一切，表示衷心感谢，并致以崇高的敬意。

陈曼仙、陈穗仙（执笔）、陈其津、陈云仙、陈渝仙
2014年6月